KB203952

영적 결혼
(그리스도와 교회의 영적인 연합에 관하여)

제롬 잔키우스 저 / 장대선 역

고백과문답

영적 결혼
(그리스도와 교회의 영적인 연합에 관하여)

초판 1쇄 인쇄 _ 2019년 7월 10일
초판 1쇄 발행 _ 2019년 7월 10일

저　자 _ 제롬 잔키우스
역　자 _ 장대선

펴낸곳 _ 고백과 문답
등　록 _ 제2016-000127호
주　소 _ 서울특별시 영등포구 가마산로65길 15-4 (신길동)
전　화 _ 02-586-5451
이메일 _ largoviva@gmail.com

편　집 _ 권연숙
인　쇄 _ 이레아트 02-2278-1886
총　판 _ (주)비전북 031-907-3927

ISBN 979-11-958998-6-9

영적 결혼

그리스도와 교회의
영적인 연합에 관하여

제롬 잔키우스 저
장대선 역

추천사

————

제롬 잔키우스(1516-1590)는 우리들에게 비교적 덜 알려져 있지만, 사실은 매우 중요한 종교개혁자이다. 또한 그는 주로 그의 예정론(절대예정론)을 통해 우리에게 조금 알려져 있다.

루터를 포함한 많은 종교개혁자들과 달리, 이 책은 그리스도와 교회의 연합을 창세기 2장에서 하나님께서 제정하신 결혼제도의 언어로 독특하게 풀어내고 있다. 그리스도와 교회의 연합을 창세기 2장의 하나님의 남자와 여자의 창조에 관한 렌즈를 통해 심도있게 그려낼 뿐만 아니라, 성경 전체에 걸쳐서 그리스도와 교회의 연합이 어떻게 구체적으로 드러나 있는가를 광범위하게 다루고 있는 것이다. 그러면서 그는 루터파 신학의 문제점을 과감하게 지적하기를 피하지 않는다. 그러면서도 그는 논쟁에만 집중하지 않고 그리스도와 교회의 연합을 깊이 있으면서도 참으로 아름다운 언어들로 생생하게 그려내어 우리에게 펼쳐 보이고 있다.

이 책을 읽는 교회의 독자들이라면 교회를 이루는 우리들이 그리스도와 어떻게 하나로 연합되어 있는지를 매우 생생하고 실감나게 이해하게 되리라 확신한다. 그리고 이를 통해 성경에 충실하면서도 우리의 영적인 문제들을 깊이 통찰하고 있는 한 종교개혁자의 믿음의 세계를 감상하게 될 것이다.

김재윤 교수
(고려신학대학원 교의학)

추천사

히에로니무스(혹은 제롬) 잔키우스는 십대 중반부터 이미 철학과 여러 언어들과 신학적 출중함을 드러냈으며, 피터 버미글리, 필립 멜랑히톤, 마르틴 부쩌, 마틴 루터, 장 칼뱅의 신학적인 액기스들을 자신의 저작들에 담아내는 일에 능숙했던 인물이었다. 게다가 박해와 추방 가운데서 고난의 처절한 밑바닥까지도 감당했던 실천적 인물이기도 하다.

이 책 『영적 결혼』은 저자의 학문적인 역량과 신학적인 정통성과 실천적인 인생이 절묘하게 어우러진 문헌이다. 독자들은 이 책을 통해 결혼의 이해뿐만 아니라 육신적인 결혼에서 발견되는 영적인 결혼의 오묘한 비밀들을 명료하고 담백한 언어로 이해하게 될 것이다. 그리고 1) 그리스도 예수를 신성으로 가득한 언약궤로 묘사하고 그를 신랑으로 모신 교회는 신부의 자격으로 그 언약궤에 담긴 모든 신성의 수혜자가 된다는 것, 2) 결혼의 목적이 독처의 해소라는 것에 근거하여 교회는 언제나 그리스도 예수와 더불어 동거하고 동행해야 한다는 것, 이로써 교회는 최고의 보호와 인도를 받으며, 결국 이것은 하나님을 심히 기쁘시게 하는 것이라고 한 대목이 매우 특별하다. 지금부터 500년 전에 살았던 한 믿음의 선배가 들려주는 결혼 이야기는 이 시대가 간과하는 절박한 교훈으로 가득하기에 기쁨으로 추천하는 바이다.

한병수 교수
(전주대학교 교의학)

역자 서언

'영적 결혼'(the spiritual marriage)이라는 말을 가지고서 검색을 해보면, 먼저 눈으로 볼 수 있는 정보들은 온갖 이단 단체들에서 사용되고 있는 남녀 간의 육신적인 결혼에 대한 풍유(allegory)의 내용들입니다. 그리고 다음으로 그 말을 많이 사용하고 있는 곳이 로마 가톨릭교회임을 볼 수 있는데, 정작 종교개혁자들 가운데서는 뛰어난 신학사상을 지닌 인물이었던 제롬 잔키우스(1516-1590)의 이 책 외에 다른 책이나 자료를 찾아보기가 쉽지 않습니다.

그러나 사실 잔키우스의 이 책은 단순히 하나님 앞에서 결혼을 맺는 남녀 간의 사이에 관련한 것만이 아니라, 하나님의 백성들인 신자들과 예수 그리스도 사이의 연합(united), 그리고 그러한 연합에 있어서 그리스도의 인성과 신성의 관계, 또한 전 그리스도(whole Christ)로서의 연합에 근거하는 성찬의 떡과 포도주에 대한 그리스도의 실제에 관한 이해와 같은, 신학적으로 중요하면서도 구원과 관련하여 기본적으로 알고 있어야 하는 원리들을 다루고 있는 것을 볼 수 있습니다. 그러므로 이 짧은 책 안에서 잔키우스는 그리스도인 가정에서의 부부간의 관계, 이를 바탕으로 이해할 수 있는 그리스도와 신자들 교회의 신랑과 신부로서의 관계, 또한 이러한 기초적인 이해를 바탕으로 하는 기독론과 구원론, 심지어 종말론에 이르는 참으로 간략한 전 교리(whole dogma)의 맥락을 살펴볼 수가 있습니다.

무엇보다 이 책에서 잔키우스는 신자(택자)들의 구속과 관련한, 순종의 두 국면들과 그 효력들이 어떠한지를 간략하면서도 성경의 예를 통해 쉽게 이해할 수 있도록 전달하고 있습니다. 비록 500년가량이나 지난 시대의 인물이며, 중세시대 이탈리아의 스콜라 신학(Scholaticism)의 교육을 받은 시대적인 독특성이 글의 성격에 스며들어 있는 점에서 아퀴나스주의(Thomism)의 이성주의와 약간의 사변적인 바탕에 영향을 받았을 것으로 생각하는 선입견이 있기도 하지만, 정작 이 책에서 잔키우스는 수많은 성경 본문들과 옛 교부들의 견해(특히 S. Cyril)를 분별하여 소개하면서 해당 주제들을 설명하고 있는 것을 볼 수 있습니다. 따라서 그의 신학사상과 신학적 방법론에 대한 더욱 깊이 있고 객관적인 연구가 따라야만 할 것이지만, 그럼에도 불구하고 기독론과 성찬론에 있어서의 '화체설'과 '공재설'에 대해 배격하는 잔키우스의 독특한 종교개혁적 입장, 그리고 피터 마티 버미글리(Peter Martyr Vermigli, 1499-1562)에게 사사를 받은 신학의 독특성이 어떤 식으로 이 책에 남아 있는지, 혹은 그에게 가장 지대한 영향을 끼친 칼뱅(Jean Calvin, 1509-1564)의 신학이 얼마나, 그리고 어떤 방식으로 남아 있는지 등에 대한 깊이 있는 연구를 통해서, 이 시대에까지 끼칠 수 있는 그의 영향력을 발굴하는 일이 긴요할 것입니다. 또한 그러한 연구들에 있어, 이 책은 하나님을 향해 경외함으로 쏘아 올린 잔키우스의 작은 공(글)으로서의 단서가 될 것입니다.

　이 책은 원래 라틴어판으로 출판된 것인데, 감사하게도 1592년에

캠브리지(Cambridge) 대학에서 존 레게트(John Legate, 1562-1620/21)에 의해 영문으로 번역되어 인쇄된 자료를 입수할 수 있어서, 그 영문 번역본을 한글로 또 한 번 번역한 것입니다.

끝으로 이 책의 초역을 감당해 주신 주향교회 문원호 목사님께 감사를 드리며, 아울러 이 책이 다루는 그리스도와 교회의 연합에 대한 주제에 많은 관심과 사랑을 독자 여러분들께 구하는 바입니다. 아무쪼록 이 책을 읽은 모든 분들에게 전 그리스도의 이해와 은혜가 있기를 더욱 바랍니다.

2019년 6월 한날
역자 **장대선**

제롬 잔키우스
Girolamo Zanchi or Hieronymus Zanchius
(1516–1590)

이탈리아 알라자노에서 태어난 제롬 잔키우스는 "가장 위대한 개신교 철학자"라 불리는 인물로서, 그의 비문에는 "비록 그가 영으로는 떠났으나, 그 이름은 죽지 않고 있다."라고 적혀 있다. 일반적으로 그의 부모는 그가 어거스티니안 교단 계통의 의전 수도회의 수도원에 들어간 때인 14세 무렵에 사망한 것으로 알려져 있다.

잔키우스는 이탈리아 최고의 종교개혁자인 피터 마터 버미글리(Peter Martyr Vermigli, 1499–1562)에게서 사사를 받아 종교개혁에 대한 사상을 공유하게 되었으며, 일찍이 1551년에 이탈리아를 떠나 스트라스부르그(Strasbourg)의 성 토마스(St. Thomas) 대학에서 구약 교수직을 맡았다. 나중에 1553년에 이르러서는 그의 스승 피터 마터 버미글리가 그 대학에 합류했으나, 같은 해에 버미글리는 다시 쮜리히로 떠나게 되었으며, 그가 떠난 후에 잔키우스는 토마스 대학에 계속 남아서 교수직을 감당했다. 그리고 1561년에는 그에 대한 일련의 고소들이 요한 마르바흐(Johann Marbach. 1521-1581)에 의해 무죄로 판명되기도 했다. 이후로 1563년에 그는 토마스 대학을 떠나서 치아벤나시(chiavennaschi)의 그리슨(Grisons)에 있는 이탈리안 프로테스탄트 교회에서 목회자로 봉직했다. 이후로 1568년에 그는 하이델베르그(Heidelberg) 대학에서 신학교수직을 맡기도 했는데, 주로 이 시기에 그의 수많은 작품들이 발표됐다. 하지만 나중에 루드비히 6세(Ludwig VI)의 즉위로 루터주의 군주가 하이델베르그에 들어오게 되자 그는 노이슈타트(Wiener Neustadt)로 떠나야만 했었는데, 이후로 노이슈타트에서 목회를 계속하다가 1590년에 임종을 맞았다. 잔키우스는『영적 결혼』(the spiritual marriage)에서 창세기 2장의 결혼의 제정에서 시작하여 에베소서 5장의 은유를 통해 그리스도와 교회의 영적인 연합의 관계를 결혼관계로 설명하여, 당시의 루터교회 교리에 반대하는 논증을 전개한다. 즉 루터파가 그리스도의 몸을 우리와 전적으로 공유할 수 없이 다름을 강조하는 것과 달리, 에베소서 5장을 바탕으로 결혼의 은유로서 신자들과 그리스도와의 관계를 신부와 남편의 관계로서 연합됨을 진술한 것이다. 그러므로 이 책은 예정론과 관련하여 루터파 신학자 마르바흐(Marbach)가 잔키우스를 정통의 길에 서지 않은 자로 스트라스부르의 시의회에 고소했던 배경과도 결코 무관하지 않은 배경 가운데 있는 것이라 하겠다. 즉 루터파의 신학과 정반대의 입장에 있는 것이다.

목 차

그리스도와 그의 교회 사이의 영적 결혼에 관해
(Of the Spiritual marriage between Christ and his Church)

————

사도 바울은 교회의 기원과 시작에 관하여, 그리고 하나님의 아들과 교회에 있어서의 영적 결혼에 관해 성경의 여러 본문들에서 가르쳐주는 것이 무엇이든지간에 그것을 인류의 첫 창조로부터, 마치 그리스도의 신비들의 샘 가운데서처럼 가져온다. 그리고 사도 바울이 에베소서 5장에서 "남편들아 아내 사랑하기를 그리스도께서 교회를 사랑하시고 자신을 주심같이 하라"고 한 그 장의 끝부분까지 이어지고 있듯이 그의 서신을 통해 그것을 해설하고 있다. 왜냐하면 모세[1]는 어떻게 하여 하와가 자고 있는 아담으로부터 취한바 되어 창조되었는지, 그리고 후에 어떻게 아담에게 결혼 가운데서 주어지게 되었는지를 보여주기 때문이다.[2] 그리고 아담이 그녀를 보았을 때, "이는 내 뼈 중

————

1) 직접적으로 모세오경을 일컫는다.

에 뼈요, 살 중의 살"이라고 얼마나 감탄하며 말했었는지를 보여준다. 끝으로 그는 자신들 사이에서와 하나님의 아들과의 양자 사이(both between), 남자와 여자의 결혼에 대하여, 심지어 세상의 종말에 이르기까지의 결혼에 관한 일반적인 명제를 규정한다. 그러한 명제는 "이러므로 남자가 부모를 떠나 그 아내와 연합하여 둘이 한 몸을 이룰지로다"[3]는 말씀 가운데서 언급된다.

사도는 그러한 말씀들을 이해하여서, 그리스도와 그의 교회에 대하여도 적용하여 "이것은 큰 신비이지만, 나는 그리스도에 관하여, 그리고 교회에 관하여 말한다."[4]고 했다. 왜냐하면 우리는 아담이 하와에게 말했던 것과 같이 그리스도의 살 중에 살이요, 뼈 중에 뼈이기 때문이다. [5]

그러므로 그리스도와 교회, 그리고 모든 신실한 사람 사이의 영적

---

2) 이는 엡 5:31절의 "그러므로 사람이 부모를 떠나 그의 아내와 합하여 그 둘이 한 육체가 될지니"라는 말씀이, 창 2:18-24절의 내용을 바탕으로 하며, 특별히 24절의 "이러므로 남자가 부모를 떠나 그의 아내와 합하여 둘이 한 몸을 이룰지로다."라고 한 구절을 인용하기 때문이다. ※이하 모든 각주는 역자주이다.

3) 창 2:24절.

4) 엡 5:32절.

5) 여기서 우리들이 생각할 것은, 우리 인간에게 주어진 모든 온전한 것들이 사실은 하나님께서 우리 인간에게 주시는 온전한 것들의 모형이라는 점이다. 그러한 것들이 모두 인간 자신을 위해서만이 아니라, 그것을 통해 하나님께서 깨닫도록 하시는 것들을 드러내기 위해 주어진 것이다.

이고 천상적인 결혼에 대해 말하려면, 우선 하와의 창조에 관해, 그리고 육체적인 결혼 제도에 관한 모세의 언급들을 살펴보아야 할 것이다. 또한 모두가 그리고 모든 것이 어떻게 영적인 것과 일치하는지를 열심히 생각해야만 한다. 왜냐하면 잠자고 있는 아담의 갈비뼈로 만들어졌다고 한 하와의 창조와, 아담과 하와 사이에 체결된 육체적인(carnal) 결혼은, 십자가 위에서 죽으신 그리스도의 옆구리에서 취해진 교회의 영적인 창조에 대하여, 그리고 그리스도와 교회 사이에 체결된 결혼관계에 대한 명백한 형상(type)과 모형(figure)이었기 때문이다.

거기에서 육체적 결혼의 전체 교리는 짧고 분명한 방법에 의해 다소의 장들로 나누어야만 한다. 그렇게 함으로써 모든 사람들이 그리스도와 그의 교회 사이의 천상적인 결혼에 대해 생각해야 하는 것들을 더욱 쉽게 바라보며 알게 될 것이다. 마지막으로, 나는 육체적 결혼에 관한 교리의 여러 요점들에 의해 살펴지는, 영적인 결혼의 교리들을 펼쳐 보이고 확증할 것이다.

CHAPTER I :

**하와의 창조에 대한 역사와
그녀와 아담 사이에 맺어진 결혼에 대한 역사**

하와의 창조에 대한 역사와
그녀와 아담 사이에 맺어진 결혼에 대한 역사의 요약,

그리고 모세가 첫 결혼에 대해 쓴 것들이
사도가 그에 대해 말하는 이 또 다른 결혼과 얼마나 일치하는가.

첫째와 관련해서 우리는, 사도가 로마서 5장과 고린도전서 15장에서 전달하는바, 즉 첫째 아담과 둘째 아담이신 그리스도가 결혼에 관한 이 요점에서 우리에게 충분히 고려되어야만 한다는 것을 기초로 해야만 한다. 사적인 한 개인으로서가 아니라, 각각[6] 두 근본원리로서, 그 가운데 하나로부터 모든 인류가 나왔고 지금도 나오며, 다른 하나로부터 교회가 발생했고, 지금도 발생한다. 그리고 첫 사람(Adam)은 둘째, 즉 그리스도의 모형과 형상이었다. 그러므로 죄를 짓기 전 아담에 의해 행해졌던 것들에 대해 우리는 역사적(historically)으로 보다는 신비적(mystically)으로 고려해야만 한다. 그러므로 나는 잠자고 있는 아담으로부터 취해진 하와와, 그녀를 그의 아내로서 결혼 가운데 취할 수 있도록 깨어있는 아담에게로 그녀가 이끌리어 온 역사를, 세 부분으로 구별하여 볼 것이다. 그 세 부분은,

1. 첫째로, 하나님의 의논(the counsel of God)에 관한 것이다.
   1) 하나님께서 아담을 홀로 있게 하지 않으신 이유.
   2) 하나님께서 아담으로부터 하와를 만드신 이유,
      그리고 특별히 그의 갈비뼈로 만드신 이유.
   3) 하나님께서 결혼으로 그녀를 그에게 주신 이유.

2. 둘째는, 하와의 창조에 대해, 그리고 그녀를 창조하는 그 방식

---

6) 첫 아담과 둘째 아담이신 그리스도.

에 대한 것이다.

3. 셋째는, 아담에게로 하와를 이끄신 것에 대해, 그리고 그들의 결혼에 대한 것이다.

첫째 부분(first part)에 관하여 모세는 기록하기를 "여호와 하나님이 가라사대, 사람의 독처하는 것이 좋지 못하니, 내가 그를 위하여 돕는 배필을 지으리라"[7], 또는 그 앞에 있을, 다시 말해 그와 유사하고 항상 가까이에서 그에게 순종할 준비가 되도록 배필을 지으리라 하시니라고 언급했다.

---

7) 창 2:18절.

명제
(The Position)

————————

1. 하나님께서 아담을 홀로 있도록 하시지 않은 원인(cause)은, 그것이 좋지 못했기 때문이었다.

2. 그것은 좋지 못했다. 즉 모든 인류의 머리가 되어야 할 그가 세상의 모든 피조물 가운데 유일한 사람으로서 홀로 살아간다는 것은 적절하지도 않고, 어울리지도 않았던 것이다.

3. 아울러 아담 자신이 그처럼 크고 광활한 세상 가운데서 고독한 삶을 이끌어 가는 것은 선하지 않으며, 기쁘고 즐겁지도 않았다.

4. 그것은 아담 자신을 위해, 혹은 하나님께서 남자와 여자의 도움이 없이 창조하시고 만드실 수도 있었을 모든 후손들을 위해서도 선하지 않으며, 유익하지도 않았다. 하지만 그랬을 경우[8] 그들[9] 사이에서 서로간의 무슨 사랑과 선한 뜻이 있었겠는가?

5. 결론적으로, 그것은 좋지 못했다. 왜냐하면 둘째 아담이신 예수 그리스도께서 첫 사람 아담의 씨(seed)가운데 잉태되고 태어나

————————

[8] 남자와 여자의 도움이 없이 후손들을 창조하시고 만드셨을 경우
[9] 남자와 여자

는 것이 하나님의 뜻과 목적(the will and purpose of God)이
었기 때문이다.

그 결과 선한 이유(good cause)에 의해 하나님께서는 그에게 항상
순종하며, 모든 합당한 의무의 수행과 복종할 준비가 된 조력자[10]를
만들어 주셨다.

6. 하나님께서는 하와를 아담으로부터, 진정 그의 갈비뼈로부터 창
조하시고 왜 다른 방법으로는 창조하지 않으셨는지에 관해, 그
이유를 행 17:26절에서 사도를 통해 드러내셨다. 거기서 그는
모든 사람은 (번식에 의해) 한 원리(one principle)이자 한 기원
(beginning)으로서 존재해야 하고, 한 머리의 지체들로서 한 무
리(stock) 가운데로 나와야 한다고 그 이유를 밝히고 있다. 그래
서 모든 인류는 한 몸이었고, 하나의 같은 본성 가운데 존재했
다. 즉 "하나님은 한 혈통으로 만드사 모든 족속을 온 땅에 거하
게 하셨다"고 사도는 말하고 있는 것이다.

7. 더구나 하나님께서는 아담이 자신의 몸보다도 그녀를 더욱 사랑
하도록, 그녀를 갈비뼈[11]로 조성하여 만드셨으니, 아담이 "이는
내 뼈 중에 뼈요, 내 살 (flesh)중에 살이라"고 말했을 때에, 바
로 그 사실이 표현되도록 하신 것이다. 여기에서 사도는 우리의

---

10) 여자.
11) 아담에게서 취한 것.

아내들을 사랑하도록 우리들을 자극하고 격려하기 위한 논증들을 이끌어 낸다. 왜냐하면 그들은 진정 우리의 몸(flesh)이기 때문이다.[12]

8. 아내는 남편을 지배하려는 자세를 취하지 말아야 한다. 그러므로 그녀는 머리로부터 취하여지지 않았다. 또한 그녀는 발아래 밟히지 않아야 하므로, 발로부터 취하여서 만든 것도 아니었다. 오히려 마음으로부터 사랑을 받아야만 하므로, 그녀는 심장 주변에 자리하고 있는 갈비뼈로부터 취하여진 것이다.

9. 그녀가 결혼을 통해 그의 아내가 되도록 아담에게 주어진 이유에 대해서는, 모세가 드러내는바 "그녀가 그에게 돕는 배필이 된 것"[13]에서 나타난다.

10. 그러한 도움은, 먼저 그가 그의 삶을 정직하고 신실하게 그리고 즐겁게 이끌도록 하는 것이다.

11. 그러한 도움은 또한 후손을 위해, 자녀를 낳고 땅위에 사람들을 증가시키고 번성케 하는 것이다.

12. 아울러 그의 교회를 잉태하고 출산하는 것을 위해, 그리고 그들 가운데로 오실, 교회의 머리이신 그리스도에 관한 하나님의 작정(the decree)을 완성하도록 돕고, 그 결과로 하나님의 나

---

12) 이러한 부부간의 연합은 또한 그리스도와 교회 사이의 연합을 나타내 주는 모형으로서의 연합이어야 한다. 그러므로 참된 결혼의 의미는, 기독교 신앙을 통해 비로소 인식될 수가 있는 것이다.

13) 창 2:18절.

라를 세우고 증대시키며 확장하도록 돕는 것이다.

이와 같은 첫째 부분(first part), 하나님의 의논[14]과 목적이 선포된 바로 거기에, 하나님이 아담을 홀로 두지 않으신 이유와 하와를 그로부터 진정 그의 갈비뼈를 취하여서 만드시기로 작정하신 이유, 또한 하나님께서 결혼을 통하여 그녀를 그에게 주신 이유가 있다.

만약 당신이 우리가 설명한 이것들을 그리스도에게, 그리고 그의 신부인 교회에 적용한다면, 이 하나님의 의논(counsel of God)은 더욱 분명하게 드러날 것이다.

13. 첫 아담이 홀로 있는 것이 좋지 않았다면, 둘째 아담이 홀로 있는 것은 더욱 적합하지 않을 것이다.[15] 영생을 위해 선택되고 선발된 새 몸의 새 머리가 되도록, 하나님께서 사람을 만드셨기 때문이다. 그리고 그는 한 사람에 의해 죄가 세상에 들어오고, 죄에 의해 사망이 들어온 것같이, 많은 형제들 가운데서 처음 난 사람이 되었고, 그와 같이 이 둘째 사람에 의해서 의와 영원한 삶이 많은 사람에게 이르게 되었다.

---

14) 혹은 '지혜'.
15) 여기서도 결혼제도가 그리스도와 교회의 연합을 표상하는 것임이 분명하게 반영되고 있다.

그러므로 머리가 지체들(members) 없이 홀로 있지 않아야 하는 것은, 그가 교회의 이 몸(body)을 갖도록 하는 데에 필요한 것이다. 양자(both)는 인간의 본성에 있어서 뿐만 아니라, 흠과 점이 없는 거룩함에 있어서도 그를 닮아야 한다. 그리고 그에게 복종해야 한다. 아울러 세상 끝 날까지 도우며, 천국의 상속자들(heirs)을 낳아야 한다.[16]

14. 하나님께서는 아담 자신으로부터 하와를 창조하셨고, 그녀를 그의 살 중에 살이요, 뼈 중에 뼈로 만드셨다. 그리고 그녀의 도움으로 온 인류가 그로부터 나온다. 이러한 이유 때문에, 첫째로 모든 사람들은 한 머리와 한 기원(beginning)으로부터 존재하게 된다.

15. 그와 같이 그리스도께서는 그 자신의 옆구리로부터, 피와 물을 흘리시는 것이 교회의 구원(salvation)과 중생(regeneration)의 사실임을 말씀하신다. 요한이 이 신비를 설명하듯이, 그리스도께서는 그의 옆구리로부터 그의 교회를 영적으로 창조하셨고, 그래서 그의 살 중에 살이요 뼈 중에 뼈가 되도록 하셨다고 나는 말한다. 천국의 상속자가 될 그처럼 중다한 온 교회는 모두, 한 머리로부터 존재하는 것이다.

---

16) 신자의 가정에 자녀들을 주심은, 그들을 "천국의 상속자들"로 양육되도록 하심이다. 물론 천국의 상속자들은 분명 하나님께서 주권적으로 택하신 백성들이지만, 그 택자들을 또한 하나님께서는 부모들의 손에서 양육되도록 맡기신 것이다.

16. 다시 말하지만 하나님께서는 하와를 아담으로부터 창조하셨으니, 그는 그녀를 끝까지 더욱 사랑해야 한다.[17]

17. 그와 같이 그리스도께서는 그 자신의 옆구리로부터 취하시어 교회를 지으셨다. 그로인해 그는 우리를 그 자신의 몸(flesh)과 같이 더욱 많은 영향을 끼치시며 사랑하게 되실 것이다.

18. 첫째 원인은 히브리서의 저자에 의해 둘째 장에서 기록되어 표현돼 있다. 거기서 그는 "거룩하게 하시는 자(즉 그리스도)와 거룩하게 함을 입은 자들(즉 교회)이 다 하나에서 난지라"(11절)고 말한다.

그리스도께서 그의 육신의 본성(nature of his flesh)에 따라 아담으로부터 온 것처럼, 다른 모든 사람들도 그와 같다. 그처럼 우리도 그리스도로부터 우리의 영적 중생(spiritual regeneration)에 의해, 그의 살 중에 살이요, 뼈 중에 뼈로 존재한다.

19. 또한 우리들이 그의 살 중에 살이요, 뼈 중에 뼈로 있으므로, 그로부터 모든 하늘의 좋은 것들을 우리들이 소유할 수가 있는 것이며, 따라서 어떤 사람도 그 안에 하늘의 좋은 것들을 소유하지 않았음에도 기뻐하거나 자랑할 수는 없으니, 그것은 그가

---

17) 이런 점에서 신자들의 가정뿐 아니라 모든 인류의 가정에서는 기본적으로 이혼이 불가한 것이다. 그리고 결혼을 유지하는 책임이 특히 남편들에게 주어진 점 또한 유념할 필요가 있을 것이다.

그리스도 자신으로부터, 머리로부터와 같이 그에게로부터 끌어내지 않은 것이다.

20. 두 번째 원인(second cause)에 대해, 사도는 엡 5:29절에서 "누구든지 언제든지 제 육체를 미워하지 않고, 오직 양육하여 보호하기를 그리스도께서 교회를 잘 보양하심과 같이 하나니, 우리는 그의 살 중에 살이요 **뼈** 중에 **뼈**이기 때문"이라고 말한다.

21. 끝으로, 하나님의 의논(counsel)과 주요 목적(chief purpose), 즉 하나님께서 하와를 아담에게 데려와 그를 돕도록 아내로 주신 이유는, 그녀의 도움으로 아담이 자녀들을 낳도록 하고, 그래서 사람으로 세상을 채우고 널리 퍼지게 하려는 것이었다.

22. 그와 같이 성부 하나님께서는 그의 교회를 모으시고, 그 교회를 그리스도께 주시며, 교회의 사역(ministry)에 의해, 그는 매일 자신에게로 새 자녀들을 낳도록 하시고, 그것으로 천국이 마침내 채워지도록 하신다.

따라서 창세기 2장에 나와 있는 역사의 첫 부분을 다루는 것으로, 우리는 이제 하나님의 의논과 목적(the counsel and purpose), 왜 하나님께서 아담을 홀로 두지 않으시고 그에게 돕는 자를 주셔야 했는지, 왜 다른 것으로부터 취하지 않으시고 아담 그 자신으로부터 취하셔야 했는지, 그리스도와 관련하여 그의 목적과 의논에 그것이 얼마나 잘, 그리고 적당하게 일치하는지, 왜 하나님께서 그리스도를 사람으로 만드시어 홀로 있게 하지 아니하시고, 그에게 그의 배우자로서 교회를 주셨는지, 어떤 다른 것으로부터 낳거나 만들어지지 않고 그리스도 자신으로부터, 성령에 의하여 그의 살과 피로부터 낳도록 하셨는지를 알 수가 있었다. 그것은 여기 두 머리들이 있어야 한다는 것으로서, 하나는 육신을 따라 모든 인류의 머리로, 다른 하나는 영에 따라 하나님의 백성의 머리로 있어야 함이 합당한 것이다. 그런즉 이것이 첫째 부분이다.

이제 그 역사의 두 번째 부분은 아담의 갈빗대로 만들어진 하와 자신의 창조를 포함하고, 그것이 기록되어 있다. 모든 살아있는 피조물들 가운데서 아담에게 합당한 조력자를 발견할 수 없었을 때에, 모세는 창 2:21-22절에서 "여호와 하나님이 아담을 깊이 잠들게 하시니, 잠들매 그가 그 갈빗대 하나를 취하고 살로 대신 채우시고, 여호와 하나님이 아담에게서 취하신 그 갈빗대로 여자를 만드"셨다고 했다. 이것이 그에 대한 요약이다.

명제
(The Position)

———

1. 하나님께서 아담의 아내가 되도록 해야만 했던 하와는 아담 자신으로부터가 아닌, 어떤 다른 것으로부터도 창조되지 않았다.

2. 그녀의 창조의 방식은 여호와께서 아담을 깊이 잠들게 하시고, 잠자는 그로부터 갈비뼈 하나를 취하시는 것이었다. 그리고 그 빈 공간을 살로 채우시고, 그 갈비뼈로 여자를 조성하여 만드셨다.

3. 하와가 아담의 갈비뼈로 만들어진 이유에 대해서는 앞에서 이미 언급하여 보여줬다. 즉, 하나님께서는 인류가 다양한 종(kind)으로부터 발생하게 되는 그런 기원을 갖는 것을 원하지 않으셨기 때문이다. 그러므로 하와는 아담으로부터 취해져야 했고, 모든 사람은 한 사람으로부터 나와야만 했다.

4. 이 점에 있어서 아담은 그리스도의 참된 모형과 형상(type and figure)이었다. 그로부터 하와와 모든 인류가 나왔던 것처럼, 아직도 나오고 있다. 이 둘째 아담으로부터, 즉 그리스도로부터, 하나의 유일한 원리와 시작으로부터 전 교회(the whole

Church)가 있었던 것처럼, 오늘날까지 아직도 낳아지는 것이다. 이것이 바로 사도가 "우리는 그리스도의 살 중에 살이요, 뼈 중에 뼈"라는 아담의 말을 해석한 것이다.

그러므로 그 배우자는 단지 그녀의 남편이요, 머리인 그리스도로부터 받는 것만을 소유한다. 그리고 그녀는 그의 본성의 참여자이다.

5. 그러나 아담으로부터 하와가 창조된 이러한 방식이 무엇을 의미하는가? 하나님은 진정 아담이 깨어있을 때에 아담으로부터 갈빗대를 취하실 수도 있었고, 그것으로 하와를 만드실 수 있었다. 그러나 다가올 일들의 신비(mystery)를 위해 하나님께서는 그렇게 하지 않으셨다. 그것에 관해 사도가 "이것은 커다란 신비(great mystery)이다"라고 말한 것처럼 말이다.[18]

6. 왜냐하면 하나님께서 아담이 자기 스스로 잠들도록 하셨던 잠, 혹은 깊고 무거운 잠은 그리스도의 죽음의 모형 혹은 형상이었기 때문이다. 시 3:5절[19]에서 당신이 읽듯이, 만일 다윗의 잠이 어거스틴(St. Augustine)과 후에 그를 따른 루터(M. Luther),

---

18) 분명 하와는 아담에게서 취한 갈비뼈로 지어졌지만, 아담이 스스로 취한 것이 아니라 하나님께서 이끄셨을 때에 비로소 아담은 그를 살 중에 살이요 뼈 중에 뼈로 인식할 수 있었다. 즉 아담이 잠들었을 때에(비밀한 중에) 하나님께서는 그의 돕는 베필을 지으신 것이다. 그러므로 결혼은 믿음이 요구되는 깊은 신비에 속한다.
19) 시 3:5 "내가 누워 자고 깨었으니 여호와께서 나를 붙드심이로다"

그리고 다른 사람들이 그리스도의 죽음과 부활의 구절로 해석했었던 것처럼, 그리스도의 죽음의 모형이었다면, 더욱 더 이 첫째 아담의 깊은 잠이 둘째 아담의 죽음의 모형일 것이기 때문이다.

7. 아울러 잠은 죽음의 형상(image)이다. 그래서 죽은 사람들을 성경은 자고 있는 것으로 말했다.

8. 그러므로 하와가 잠자는 아담으로부터 취해져서, 그로인해 조성되고 만들어진 사실과 같이, 십자가상에서 죽으신 그리스도께서 피와 물을 흘리심으로, 교회는 죄로부터 씻겨 지고, 새롭게 태어나며, 그리스도의 살 중에 살이요 뼈 중에 뼈로 만들어 지는 것이다. 그리고 이 새로운 출생(new birth)은 그리스도의 피 흘리심으로 말미암아 있는 것이니, 그 씻음은 물에 의한 것이다.

9. 그러나 교회가 죽으신 그리스도의 옆구리로부터 취하여 창조되었다는 나의 말은, 두 가지 의미를 갖는다. 첫째는 공로의 방식(way of merit)에 의해, 그의 피로 그리스도는 공덕(merit)을 얻었고, 그의 아버지로부터 전에 존재했으며 세상 끝 날까지 존재할 그리고 홀로 교회를 구성하는 모든 택자들을 위한, 죄 사함과 영생에 이르는 중생을 얻었다는 것이다.

10. 두 번째로, [그 말은] 우리가 세례 안에서 얻는 교통의 방식(way of communication)에 의한 것임을 알 수 있다.

11. 세례는 중생의 성례이고, 우리의 중생(regeneration)에 대한, 혹은 새로운 출생의 내용은 우리를 위해 죽은 그리스도의 피

(blood)이기 때문이다.[20]

12. 따라서 사도는 로마서 6장[3절]에서 "무릇 그리스도 예수와 합하여 세례를 받은 우리는 그의 죽으심과 합하여 세례를 받은 줄을 알지 못하느뇨?"라로 말한다.

13. 그런즉, 진정한 세례(baptism)는, 물과 성령에 의한 것으로, 그리스도의 죽음과 피의 능력과 효과가 우리에게 전달되는 것이다. 거기서 우리는 옛 사람을 벗고, 새 사람을 입으며, 새로운 피조물로 된다. 그러므로 우리 가운데 모든 사람들은 우리가 세례 가운데서 새롭게 중생되고 태어날 때, 참으로 그리스도의 살 중에 살이요 뼈 중에 뼈라 불릴 수가 있는 것이다.[21]

이제 그가 깊은 잠에 빠졌을 때에, 그의 옆구리 가운데서 취하여진, 아담의 갈빗대로부터 만들어진 하와의 신비를 보자.

14. 이사야가 "그" 즉 메시야가 "그 영혼을 속건제로 드리기에 이르면, 그가 그 씨를 보게 되며, 그 날은 길 것이요"(사 53:10)라고 말한 것이 여기에 속한다.

15. 이것은 우리의 구주이신 그리스도의 "한 알의 밀이 땅에 떨어

---

20) 그러므로 중생은, 신자의 인식(자각)에 기초하는 것이 아니라 그리스도의 희생의 공로에 기초한다. 즉 거듭남이나 회심의 체험을 강조함에 기초하는 것이 아니라는 말이다.

21) 이 점에서 '세례'는 그리스도와 연합됨을 나타내는 '표지'의 성격이라 하겠다.

져 죽지 아니하면, 한 알 그대로 있고, 죽으면 많은 열매를 맺느니라."[22]는 말씀과 일치한다.

이 많은 열매들이란 바로 교회이다. 죽은 밀알과 같은 본성(nature)으로 존재하는 교회는, 그리스도의 피와 죽음에 참여함으로 그리스도의 살 중에 살이 된다.

16. 그리고 아담의 단단한 갈비뼈에서 하와가 만들어진 것은 하나의 신비(a mystery)다. 그리고 그 빈 곳이 살로 채워졌다는 것도 마찬가지다.

17. 갈비뼈는 (신성한 교부들이 해석한 것같이) 그리스도의 신성의 힘과 능력(the strength and force)을 나타낸다. 살(he flesh)에 의해서는 그리스도의 인성의 연약성(the infirmity)이 표명된다. 그리스도는 (베드로가 말하는 것처럼) 그의 신성(his divine nature)을 우리에게 전달하시고 우리를 강하게 하며, 한편으로 그는 우리의 연약성(infirmities)을 그에게 지우신다.

18. 뼈에 의해 그리스도의 신성(divine nature)이 표명되며, 살에 의해 그의 인성(humanity)이 표명된다.[23] 그러므로 사도는 양

---

22) 요 12:24절.
23) 잔키우스는 살이 지닌 연약성을 그리스도의 인성에, 뼈가 지닌 강함을 그리스도의 신성에 대입하여 설명한다.

자를 언급하면서 "그의 뼈 중에 뼈요, 살 중에 살"이라고 했다. 중생(regeneration)에 있어서 우리는 그의 신성의 참여자가 되고, 우리의 살, 즉 우리의 본성은 새로워지며 거룩해지고, 다른 살(another flesh), 즉 그리스도의 살이라 불리는 것으로 된다.

19. 모세가 "여호와 하나님이 갈비뼈로 여자를 지으시고(built)"라고 말한 것에서 "건물"(building)이라는 말도 신비를 갖는다. 왜냐하면 그 말은 교회인, 이 가장 큰 성전의 지어지는 것을 나타내기 때문이다. 그 건물에 대해 사도는 엡 2:22절에서 "너희도 성령 안에서 하나님의 거하실 처소가 되기 위하여, 예수 안에서 함께 지어져 가느니라."고, 또한 고전 3;16절에서도 "너희가 하나님의 성전인 것"이라고 말한다.

20. 이 건물의 기초는 가장 강한 반석(rock)이신 그리스도시고, 그의 능력과 힘은 (내가 전에 말했듯) 갈비뼈로서 나타내진다.[24]

그리고 창세기 2장에서 해석된 그 역사의 둘째 부분의 대부분은 하와의 창조를 묘사하고, 교회의 중생이 우리에게 투영된다.

이제 결혼 자체가 묘사하는 셋째 부분(third part)으로 이어진다. 이 부분이 포함하는 것은,

---

24) 아담의 뼈, 그리스도의 신성, 그리스도의 교회 순으로 유비되고 있다.

1. 첫째로 아담 자신에게 하와를 약혼시킨 것으로서, 이에 대해 모세는 "하나님이 그녀를" 즉 하와를, "아담에게로(아담 자신에게로) 이끌어 오시니"[25]라고 했기 때문이다. 즉 그가 결혼으로 그의 아내가 되도록 그녀를 취하게 하는 이 목적을 위해서이다.

그가 "아담 자신에게로"라고 말하는 것은 강조(Emphasis)를 위해서다. 마치 그녀가 취하여진 자에게 말했던 것처럼. 그러므로 하나님께서는 하와를 아담에게 약혼시키셨다. 그녀가 그의 뼈와 살로 만들어진 그의 갈비뼈로부터, 그녀는 더욱 더 그와 한 몸(one flesh)이 되어야 했다.

2. 둘째로, 그것은 이 결혼에 대한 아담의 동의(consent)를 포함하며, 거기에 결혼의 축하(celebration)도 포함한다. 이는 아담이 그녀를 그의 아내 그리고 그의 몸으로 인식하기 때문이다. 이것을 모세는 "아담이 가로되, 이는 내 뼈 중에 뼈요, 살 중에 살이라"고 말한 것에서 표현한다. 즉 이 뼈와 이 살은 내 뼈요 내 살이라는 것이다. 그런즉 "이것을 남자에게서 취하였은즉, 여자라 칭하리라"고 했다.

3. 셋째로, 결혼의 제도는 모든 인류에게 허락된 것임을 포함한다.

---

25) 창 2:22절.

그리고 혼인의 띠(the bond of wedlock)가 얼마나 확실한지를 가르친다. "이를 위해 모든 사람은 그의 부모를 떠나야 한다.", "그리고 그들은 둘이 한 몸이 되어야 한다."는 말이 아담에게 선언되었다. 즉 그들은 한 몸이 되어야 하는 것이다. 그러나 이것은 주로 그리스도와 교회에 대한 것으로 이해된다. 사도가 그것을 [엡 5:32절에서] 해석하는 것같이 말이다.

4. 넷째로, 그것은 아담과 하와가 죄를 짓기 전에 있었던 상태의 탁월함(quality)을 포함한다. "아담과 그 아내 두 사람이 벌거벗었으나, 부끄러워 아니하니라."고 한 이유가 바로 그것이다.

이 모든 것들은 결혼의 신비를 포함한다. 그것은 후에 그리스도와 교회 사이에 있어야 할 것들이다.

1. 성부 하나님께서는 교회를 그가 아닌 다른 것에 약혼 시키지 않으셨다. 그의 옆구리로부터 취하여진 그녀는 그리스도에게 약혼되었다. 그는 중생에 의해, 그의 살 중에 살이요, 뼈 중에 뼈로 만들어진 그녀[교회]와 약혼하신다.

2. 이는 중생에 의해, 그의 살과 뼈로 만들어진 교회가 그리스도와 함께 하기보다, 다른 어떤 것과 결혼에 의해 한 몸을 이루어 더욱 더 성장한다는 것은 적합하지 않기 때문이다.

3. 우리가 이 결혼에서 주목해야만 하는 것은,

　1) 누가 결혼시키시는가?

　2) 그가 누구를 결혼시키시는가?

　3) 그가 누구에게 결혼시키시는가?

　4) 그가 어떻게 결혼시키시는가? 하는 것이다.

4. 하나님께서 결혼시키신다. 왜냐하면 하나님께서 하와를 아담에게로 이끌어 가셨기 때문이다. "아버지께서 이끌지 아니하면, 아무라도 내게 올 수 없으니"[26], 그리고 이 목적을 위해 하나님께서는 그리로 소명받은 사람들의 사역(ministry)을 사용하신다. 그런 사람들은 사도들과 복음 사역자들이다. "내가 너희를 정결한 처녀로 한 남편인 그리스도께 드리려고 중매함이로다"(고후 11:2).

5. 하나님께서는 누구를 결혼시키시는가? 그는 오직 전에 그리스도 안에서 택하시고, 그리스도의 피로 구속하시고, 성령에 의하여 새사람이 되게 하신, 그리고 세례 안에서 그리스도와 죽고 다시 산 사람만을 결혼시키신다. 왜냐하면 그는 아담의 갈비뼈로 만드신 하와를 이끄셨고, 아담에게 다른 어떤 것을 이끌지 않으셨기 때문이다.

6. 그러므로 어느 누구라도 진실로 그리스도의 배우자(the spouse)라고 말할 수 없다. 다만 그리스도의 피로 새롭게 태어난 자들,

---

26) 요 6:4절

그리고 그리스도의 살 중에 살로 만들어진 자들만이 그리스도의 배우자라 말할 수 있다.

7. 그렇다면 하나님께서는 [그들을] 누구에게 결혼시키셨는가? 하나님께서는 그들을 오직 그리스도에게 결혼시키셨다. 그러므로 그는 홀로 교회의 남편이시다. 그리고 그 이유는 오직 그의 옆구리에서 피와 물을 흘리신, 그것으로 우리는 우리의 죄로부터 씻기고, 새롭게 태어나, 새로운 피조물, 즉 뼈 중에 뼈요 살 중에 살이 되었기 때문이다. 그러므로 모세는 말하기를 "그가(하나님이) 그녀를(막 창조된 하와) 아담에게 이끌어 오셨다"고 했다. 그에게 그의 갈비뼈로 만들어진 그녀가 이끌린 것이다.

8. 그러나 하나님께서는 어떻게 결혼시키시는가? 믿음을 주시는 것에 의하여, 우리는 그리스도를 알고, 그를 맞이하며, 우리 자신을 그에게 복종시킨다. "나는 너희를 믿음으로 나에게 약혼시킬 것이다." 왜냐하면 배우자 그녀에게도 동의가 요구되기 때문이다. 이 동의는 믿음에 의한 것이다. 그러므로 모세가 "그가 그녀를 이끌었다"고 말할 때, 그가 그녀의 의지에 반하여 이끄시지 않았다는 것을 이해해야만 한다. 오히려 거기에 대한 동의함과 찬성함이 있는 것이다. 그리고 '이끌었다'는 말은 "그가 그녀를 오도록 만들었"음을 뜻한다.

9. 하나님은 우리를 그리스도에게 결혼시키신다. 그것은 우리의 공로에 의해 일어나지 않고, 오직 그의 선하심과 자비로 일어난다. 그러므로 그는 말씀하시기를 "나는 너를 나에게 자비와 긍휼로

약혼시킬 것"[27]이라 하셨다.

10. 또한 하나님께서는 아담의 갈비뼈로 하와를 창조하셨고, 그녀가 창조되었을 때 곧바로 아담에게 그녀를 약혼시키셨다. 그 둘(both)은 하나님의 선하심과 사랑으로부터 기인했다.

11. 하나님께서는 우리의 동의를 요구하심에도 불구하고, 그러나 이것은 그 자신이 우리에게 믿음을 주셨을 때에 또한 부여되는 것이다. 하나님께서는 우리가 소원하도록 우리 속에서 역사하시기 때문이다. 이 모든 것들은 "그리고 그가 그녀를 아담에게 이끌었다."라는 말씀에서 취합될 수 있다.

이것은 첫 단락(first place)에 포함된 신비들로 가득 찬 그 역사의 셋째 부분(third part)이다.

둘째 단락(second place)에서 그것은 아담의 동의를 포함하고, 거기에 축하와 마무리, 다시 말해, 결혼의 증진을 포함한다. 아담이 "이는 내 뼈 중에 뼈요 살 중에 살이라"고 말하기 때문(그녀가 그의 갈비뼈로 만들어졌기 때문)이다.

12. 그러므로 아담은 하와를 그의 아내로 인식했다. 왜냐하면 그가 하나님께서 이것을 바라신 것을 보았을 때, 또한 그가 하와의

---

27) 호 2:19절.

동의와 뜻을 보았을 때, 그는 또한 같은 것을 희망했다. 그리고 이 세 의지들(three wills), 즉 하나님의 뜻(will), 하와와 아담의 뜻의 동의가 동시발생에 의해 결합되어, 결혼이 체결되었다. 그러므로 그는 "이는 내 뼈 중에 뼈라"고 외친 것이다.

13. 그러나 이것은 참으로 완전히 교회 안에서 그리고 그리스도 안에서 완성되었다. 하나님의 영원한 의지가 앞서 나아간다. 하나님께서는 우리를 그리스도께로 인도하신다. 그는 또한 우리 안에서 우리의 의지를 불러일으키시고, 그것에 따라서 우리는 이 영적 결혼에 찬성하고 동의하게 된다. 그리고 우리의 남편이 되시는 그리스도께서는 성부께서 원하시는 것을 원하실 수밖에 없고, 따라서 그는 우리를 그의 배우자로 그에게로 취하시고, 우리를 그의 살과 뼈로서 인식하신다. "이는 내 뼈 중에 뼈요…"

14. 요한복음 6장이 이에 속한다. "아버지께서 내게 주신 자는 다 내게로 올 것이요 내게 오는 자는 내가 결코 내어 쫓지 아니하리라." 먼저 "아버지께서 내게 주신 자는 다(All)"라고 말하는 여기에서 성부의 의지를 본다. 다음으로 "아버지께서 내게 주신 자는 내게 올 것"이라는 말은 남편이신 그리스도의 의지를 보여 준다. 이 세 의지들 안에서 우리와 그리스도 사이에 영적 결혼이 완성되고 종결된다.

15. 그러므로 아담이 하와를 그의 아내로, 그의 몸으로 인식한 것처럼, "이는 내 뼈 중에 뼈요…" 그리스도는 우리를 그의 배우

자, 몸으로 인식하시고, 사랑하시며 아끼고, 우리가 그처럼 존재하도록 양육하신다. 왜냐하면 사도는 그리스도의 영에 의해 분명하게 말하기를, 우리는 그의 살 중에 살이요, 뼈 중에 뼈라고 했기 때문이다.

16. 그러므로 바울이 신실한 자들의 교회, 즉 그리스도의 배우자를 박해할 때, 바울에게 그리스도께서 말씀하시기를 "사울아, 사울아, 너는 왜 나를 핍박하느냐?" 말씀하셨다. 마치 "교회를 박해한 것에서 너는 나를, 곧 나의 살과 나의 뼈를 박해하고 있다"고 말씀하시는 것과 같다.

17. 여기서 주목해야 할 것은, 아담이 "이는 뼈요…"라고 하는 말로써, 결혼에 의해 하와가 아담의 몸이었고, 창조에 의해 그의 살 중에 살이었기에, 또한 그녀가 그로부터 창조되었기 때문에, 존재할 수 있는 가장 적합하고 친밀한 방식으로 하와와 그가 함께 결합되고 묶여진 것을 나타내려 했다는 점이다.

18. 그리고 무엇이 이 이중의 매듭(double knot)보다 더 견고할 수 있는가? 한 사람이 다른 사람의 딸, 당신의 아내로, 그리고 다른 무리(stock) 혹은 일족(kindred)으로부터 온 자로서, 당신의 몸을 이루기 때문이다. 그러나 그녀는 당신의 몸으로부터 오지 않았을 것이다. 다시, 한 사람이 당신의 아들 혹은 딸로서, 당신의 몸으로부터 오지만, 그는 당신의 아내가 존재하는 것처럼 그런 식으로 당신의 몸을 이루지는 않았을 것이다. 그러나 남자와 아내가 존재하는 것처럼 그런 식으로 당신의 몸을

이루는 것과 당신의 자녀들이 존재하는 것처럼 그런 식으로 당신의 몸으로부터 존재하는 것, 이것은 존재할 수 있는 가장 가까운 그리고 완전한 끈(bond)이다.[28]

19. 오직 하와 외에는 어떤 사람도 아담에게 그러한 사람이 아니었고, 또한 교회 외에는 그리스도에게 그러한 자가 없었다.

20. 그러므로 사도가 아담에 대한 말씀들을 그리스도에 대하여 할 때, 그의 교회를 말하면서, 그는 그리스도와 우리들 사이에 가장 친밀한 연결과 결합(coupling and knitting)이 있음을 나타낸다. 이는 우리가 그리스도와의 영적 결혼에 의하여 그리스도의 몸이 되었기 때문이고, 또한 중생에 의해 그의 살 중에 살로 만들어졌기 때문이다.

21. 그러나 왜인가? 그것은 믿음과, 소망과 사랑이 우리 안에서 더욱 성장하고 증가될 것이기 때문이다. 그러한 믿음은 그의 살 중의 살인 우리를 향한 그리스도의 사랑에 대한 것이다. 소망은, 영생에 대한 것이고, 남편이 계신 곳 거기에 아내도 있고, 그리고 머리가 있는 곳에 몸이 있으며, 살이 있어야만 하기 때문이다. 또한 사랑은 그리스도의 살 중의 살인 우리 모두가 존재하기를 위하며, 우리는 그와 우리 자신을 서로 사랑해야 하

---

28) 이로 보건대 참된 결혼의 관계와 성립에 대해서는, 성경적인 지식이 반드시 기반이 되어야 함을 알 수 있을 것이다. 결혼제도는 단순히 인간의 복락을 위해서가 아니라, 참된 신앙의 유비를 위해 주어진 모형이요 형상인 것이다.

고, 참되고 신실한 사랑으로 서로를 껴안아야 하기 때문이기도
하다.

22. 그러므로 중생과 결혼함에 약간의 차이를 두어야 하는 것을 알
수 있다. 중생은 적어도 결혼함보다 앞선다. 왜냐하면 하와는
먼저 아담의 갈비뼈로 만들어 졌고, 후에 결혼으로 그에게 결
합되어 주어졌기 때문이다.

23. 어떤 사람이 자신의 의지의 앞서는 동의가 없이 중생한다는 것
은 확실하다. 그러나 어떤 사람도 믿음이 없이, 그리고 그 자신
의 동의가 없이 한 남편으로서 그리스도와 결혼하고 그를 품을
수는 없다. 왜냐하면 양 당사자의 동의가 결혼에 있어서 필수
적인 사항이기 때문이다.[29] 그리고 우리는 만일 우리의 의지가
새로워지지 않는다면, 동의할 수가 없는 것이다. 또한 악으로
부터 선하게 될 수도 없으며, 아울러 내키지 않는 것으로부터
자발적이 될 수 없는 것이다.

이 신비한 역사의 마지막 부분인 셋째 단락(place)에는 결혼 제도
가 포함된다. 그리고 사람이 그의 아내에게로 연합하도록 해야 한다
는 것을 보여준다. "왜냐하면 이는(그는) 한 사람이 그의 부모를 떠나,

---

29) 이 점에서 중생을 나타내는 성례인 세례는, 결혼에 있어서 남자와 여자의 진정한 동
의가 수반되어야 함과 마찬가지로 진정한 동의(믿음의 고백)이 수반되어야 함을 알
수 있다. 물론 이러한 의미는 성인세례에 해당하는 것이다.

그의 아내가 되고, 그들은 둘이 한 몸이 되어야 하기 때문이다."

24. 이것이 바로 사도가 그리스도와 그의 교회에 대하여 주로 해석한 것이다. 그리고 그것이 커다란 신비(great mystery)라고 말한다.

25. 왜냐하면 그리스도가, 우리와 한 몸이 되어야 한다는 이 이유 때문이다. 그리고 우리는 그와 영적 결혼에 의해 먼저 성부 하나님을 떠난다. 어떻게? 바울이 빌립보서 2장에서 가르치듯이, "그는 근본 하나님의 본체시나, 오히려 자기를 비워, 종의 형체를 가지셨다."

26. 그가 말하는 "내가 아버지에게서 나와, 세상에 왔고"[30]라는 것이 여기에 속한다. 이는 어떤 장소의 변화에 의해서가 아니라, 어떤 새로움을 취하심으로, 그리고 천한 본성과 조건을 취하심으로써[31] 이다.

27. 그는 또한 그의 모친 마리아를 떠났다. 그가 교회를 가르침에 있어, 그리고 교회를 위해 죽으심에 있어, 그가 어머니에 대하여 행하셨던 것보다 더욱 모든 교회를 생각하셨을 때에 떠난 것이다. 그리고 그의 어머니와 요셉에게 "너희는 내가 아버지의 일을 행해야만 할 것을 모르느냐." 그리고 "누가 내 어머니

---

30) 요 16:28절.
31) 아울러 실제로(truly) 그리고 진실로(really)우리와 같은 몸으로 나셨다.

냐? 그리고 누가 내 형제냐?"고 말한 것이 바로 이에 해당한다.

28. 그러나 그리스도께서는 그의 영의 결속(bond of his spirit)으로서, 실제로(truly) 그리고 진실로(really)우리의 몸과 그의 몸을 연결함으로(by joining), 그의 아내에게 연합되었다. 따라서 그가 우리와 함께 하고 우리가 그와 함께 하는 것이 가능해지고, 또한 매일 더욱 더 한 몸이 된다.

29. 그리스도와 교회 사이의 이같이 밀접한 결속(band)과 연결(coupling)은, 그리스도 자신이 해석자가 되심으로 아담에게 "그들은 한 몸이 될 것이다"라고 말한 것에서 표현되고 공표되었다.

이것은 사도가 "그러나 나는 그리스도와 교회에 대해 말한다"고 했듯이 큰 신비이다.

30. 그러므로 그것은 교회와 그리스도, 그리고 그리스도와 교회의 가장 밀접하고 풀 수 없는 매듭(knot)과 연결(coupling)에 대한 예언이었다.

31. 성경 안에 무한한 증거들과 예들, 그리고 이 참되고 진정한(true and real) 결합(conjunction)에 대한 비유들이 있다. 그러나 이는 그리스도의 영으로 말미암은 것들이다.

32. 말씀이 육신이 되었을 때, 그 자신의 인격(his own person)안

에서 하나님의 아들이 이 결합(conjunction)을 나타내셨다.

이 위격적 연합(hypostatic union), 즉 우리의 본성(nature)과 신성(divine nature)의 본질적 연합(substantial uniting)보다 더 친밀한 어떤 것이 발견되거나 고안되어질 수 없다.

33. 이 안에서, 거울을 보듯이, 그가 어떠한 그리고 얼마나 위대한 연합이 있을 것인가를 우리에게 예시(fore shown)하셨다. 바로 그것에 의해 그는 온 교회(whole Church), 즉 모든 택자와 신실한 자들과 더불어 한 몸이 될 것이다.

34. 한 위격(one person) 안에 두 본성(two natures)이 있다. 우리는 한 본성(one nature)과 본질(essence) 안에서 많은 인격들(persons)이다. 그리스도가 우리의 몸을 가졌고, 우리는 또한 그의 신적 본성에 참여자들이 된다. 그리고 아담이 잘 말했듯이 "둘이 한 몸을 이룰 것이다."

35. (바울이 가르치듯이) 우리는 그리스도와 한 사람(one man)임과 아울러 한 몸(one body)이다. 그리스도는 머리이고, 우리는 그의 지체들(members)이다. 그런즉 "하나" 이상 무엇이 있을 수 있겠는가? 몸과 머리 사이에 하나의 참되고 실질적인 연합(union)이 없겠는가?

36. 그리스도께서는 이 연합을, 그는 포도나무요 우리는 가지들이라 말했을 때 표현했으니[32], 가지와 포도나무 사이에 진실한

연합이 없겠는가? 포도나무와 포도나무의 수액이 가지들로 흘러간다는 것은 확실하다.

37. 바로 그 같은 연합을, 그가 자신을 우리가 먹는 빵에 비교했을 때, 그리고 신실한 자들을 먹는 자들로 비교했을 때 또한 표현하셨다. 왜냐하면 먹은 고기는 그것을 먹은 사람과 한 몸을 이루기 때문이다. "내 살(flesh)을 먹는 자는 내 안에 거하고, 나는 그 안에 거한다."[33]

38. 같은 것이 요 17:11절, "저희를 보전하사, 아버지여, 우리와 같이 저희도 하나가 되게 하옵소서"라고, 다시 21절에 "아버지께서 내 안에, 내가 아버지 안에 있는 것같이 저희도 하나가 되어, 우리 안에서 하나가 되게 하소서"라고 말했을 때에 드러난다.

39. 성부, 성자, 성령은 세 위격들(persons)이시나 한 본질(essence)로 계신다. 우리는 다수이지만, 그리스도 안에서 우리는 하나이고, 한 본질로서 있는 것이다. 위격들(persons)은 그들 사이에 실제로 구별되지만, 그들의 본질로 인해, 그들은 또한 실제로 하나요, 동일한 한 하나님(one God)이시다. 사실 이 비유에서 모든 것이 일치하지는 않지만, 거기에서 이 연합

---

32) 요 15:5절 "나는 포도나무요 너희는 가지니 저가 내 안에, 내가 저 안에 있으면 이 사람은 과실을 많이 맺나니 나를 떠나서는 너희가 아무것도 할 수 없음이라"

33) 요 6:56절 "내 살을 먹고 내 피를 마시는 자는 내 안에 거하고 나도 그 안에 거하나니"

(union)이 얼마나 위대하고 어떤 종류의 것인지를 명백히 보여준다. 바로 거기에서, 우리는 우리의 신랑이 되시는 그리스도와 우리의 결혼으로 한 몸을 이룬다.

40. 그리스도께서는 또한 하나님 중의 하나님이시오, 빛 가운데 빛이시니, 성부 하나님에 대하여서는, 성자 하나님이시다. 우리는 그와 같은 방식으로 살 중에 살이요 뼈 중에 뼈이다. 내가 말하는 살과 뼈는 그리스도의 살 중에 살이요 그리스도의 뼈 중에 뼈라는 말이다. 그러나 이 연합(union)에 대하여 다른 곳에서 더욱 많이 언급했다.

이것이 그 연합이니, 그가 남자와 여자 사이의 모든 결혼에 있어서 상징(represented)되어야했던 바로 그것이다.[34] 그리고 "모든 사람이 부모를 떠나, 그 아내와 연합하여 둘이 한 몸을 이룰 지로다"라고 말할 때에, 거기에서 아담은 특별하게 말했다.

모세가 아담과 하와의 지위와 조건이 어떠했는지를 간략하게 기록한 마지막 절에서, 아담과 하와는 죄를 짓기 전에 결혼으로 함께 연결되었으니(coupled), "아담과 그 아내 두 사람이 벌거벗었으나 부끄러워 아니"했다. 첫째로 그들은 실제 벌거벗었으며, 또한 그렇게 살았

---

34) 여기서 알 수 있듯이 신자들의 결혼, 즉 참의로 연합된 결혼은 그리스도의 연합에 관해 드러냄과도 같은 것이기도 하다. 그러므로 신자들의 결혼관은 반드시 그리스도를 아는 지식과 더불어 그리스도와의 연합에 근거하는 것이어야 한다.

다. 둘째로 "그들은 부끄러워하거나, 혹은 수치스러워하지 않았"으니, 거기서 그들의 순결이 나타났다.

41. 이 두 조건은 죄를 지은 이후의 교회와 그리스도의 영적 결혼으로 이어진다. 먼저 그리스도는 모든 죄로부터 벌거벗으셨고, 현재도 그러하며, 그는 또한 헐벗으심, 즉 가난하셨으니, 그것은 우리를 위한 것이었다. 왜냐하면 "그가 부요하실 때에" 사도가 말하듯이 "그는 가난하게 되셨고, 그것은 우리를 부요하게 할 것이니" 영적으로 선한 것들 안에서 그러한 것이다.

42. 그의 아내 또한 벌거벗었다. 왜냐하면 먼저 그리스도와 결혼한 교회는 벌거벗기고, 옛 사람, 즉 세상적이고 육적인 사람에 대하여 죽었으니, 매일 더욱 더, 교회의 남편이 그러한 것과 같이 영광과 존귀로 관이 씌워지기까지 그러하고, 교회는 천상의 왕국에서 그녀의 신랑에게 영광스런 모든 것들을 바칠 것이다.

43. 게다가 교회는 이 세상의 부요함 가운데서는 대개의 경우 벌거벗은 채로 있다. 왜냐하면 그녀의 남편인 그리스도가 이 세상에서 가난하였던 것처럼, 또한 그의 머리를 둘 곳이 없었던 것처럼, 경건한 사람들 그리고 그리스도의 교회 대부분도 그러하기 때문이다. 그러므로 우리들 또한 그리스도 때문에 이 세상의 부요함에서 떠나도록 요구받는다. 빈곤 가운데 살아가도록, 그리고 많은 박해와 비참들을 겪지 않을 수가 없도록 되는 것이다. 그렇게 그리스도 안에서 경건하게 살아갈 것을 다짐하는

많은 사람들이, 사도가 말하듯이 박해를 당하는 것이다. 그리고 우리는 사도들 가운데 일부가 모든 것들을 남겨두고서 그리스도를 따랐던 것을 읽는다. 아울러 그의 집과 땅과 그가 소유한 모든 것들을 떠나서 따라오는 사람을 제외하고, 나에게 합당하지 않다고 말씀하신 것은 우리 주 그리스도이시다. 그러므로 아담과 하와 그리고 그리스도와 교회, 양자는 모두 헐벗었다.

모세는 덧붙이기를 "그리고 그들은 부끄러워 아니하니라"고 했다.

44. 그리스도는 그의 헐벗음(nakedness)을 부끄러워하지 않았고, 오히려 그것을 우리를 위해 취하셨다. 또한 교회도 마찬가지로 부끄러워하지 않았다. 신실한 자들은 그들의 남편이신 그리스도 때문에 당하는, 그들의 헐벗음과 빈곤에 대하여 모두 부끄러워하지 않았다. 우리는 십자가를 부끄러워하지 않을 뿐 아니라, 그리스도의 복음을 위해 당하지 않을 수 없는 비참함(miseries)들에 대하여서도 부끄러워하지 않는다. [35]

45. 사도는 디모데후서 1장에서 말하기를 "이를 인하여(즉 그가 가

---

35) 이러한 의미의 "헐벗음"은 단지 수사적인 의미에서가 아니라 이 세상의 집과 땅을 버리고서 따르는 실제적인 의미, 즉 이 세상의 가치와 기준으로 볼 때에는 헐벗은 것과 같은 의미이다. 기독교회의 역사에 있어서 교회들이 이러한 "헐벗음"을 부끄러워하는 것과 같은 형편에 있었을 때, 즉 세상의 영광과 영예를 부러워했을 때에, 교회의 신앙은 타락하고 부패한 실상을 그대로 입증해 줄 뿐이었다.

르친 복음으로 인하여) 내가 또 이 고난을 받되(즉 많은 비참, 그에 더하여서 투옥을 당함) 부끄러워하지 아니함"이라고 했으며, 같은 장에서 조금 뒤에, 오네시보로(Onesiphorus)의 가족을 칭찬했다. 왜냐하면 사도들을 위하여서 그가 사슬에 매인 것을 부끄러워하지 않았기 때문이다.

46. 따라서 이것이 그리스도와의 영적 결혼에 의해, 그와 참으로 한 몸을 이룬 사람들이 따라야 할 조건(condition)이다. 그들은 이 세상에서 벌거벗어야 한다. 그들 자신의 모든 의, 공로, 그리고 육체에 대한 모든 신뢰와 확신을 벗어버려야만 하는 것이다. 또한 이 세상에서의 부요함도 대부분 벗어버려야 한다. 그러나 그리스도를 위하여 그들의 벌거벗음에 대하여 부끄러워하지 않을 만큼으로, 그렇게 벌거벗어야만 하는 것이다.[36]

이것이 그리스도의 결혼의 역사(history)에서 우리가 관찰하는 네 번째 것(thing)이다.

하와의 창조에 관하여, 그리고 아담과 그녀의 결혼에 관한 모세의 역사에 의하여, 우리는 어느 정도 교회의 창조가 어떠한 것인지를 생

---

36) 이러한 문구들 가운데서 "헐벗음"이란 단순히 정량(定量)적인 의미가 아니라, 자족을 넘어서지 않는 선에 최소한으로 머무를 수 있어야 하는 것을 의미함을 알 수가 있다. 특별히 세속적인 부귀와 영화에 못지않은 번영을 추구하는 양상은, 이러한 헐벗음과 정반대를 지향하는 것이다.

각하고 이해했다. 그리고 교회가 그리스도와 결혼한 방식이 무엇인지도 이해했다. 아울러 "우리가 그리스도의 살 중에 살이요 뼈 중에 뼈로 만들어졌다"는 바울의 말을 어떻게 이해할 수 있는지를 보았다. 그리고 이 영적 결혼에 의하여 그 둘이, 그리스도와 교회가 어떻게 "남자가 부모를 떠나…둘이 한 몸을 이룰지니라"라는 말씀에 따라 한 몸을 이루는지를 첫 장(chapter)에서 알 수 있었다.

CHAPTER II

사람들 사이에 계속되는 육적 결혼의 전 개요

───────

그 가운데에 아담과 하와와 더불어 시작됐고,
이 시대까지 사람들 사이에 계속되는 육적 결혼의 전 개요가 포함된다.
그리고 그것은 세상 끝 날까지 계속될 것이다.

우리는 이전에 놓았던 이 기초를 굳게 잡아야 한다. 그것은 사도가 두 아담을, 첫째 그리고 둘째, 세상적인 자와 천상적인 분으로 기술하듯이, 하나는 육신을 따라 다른 한 분은 영을 따라, 인류의 두 머리와 두 원리로 기술한 그것이다. 또한 모세의 그 역사 가운데서, 사도는 우리에게 이중의 결혼(a double marriage)이 있다는 것에 대한 것들을 모아서 기록해 주었다. 첫째와 둘째, 즉 육체의 결혼과 영적인 결혼에 있어서, 전자가 이 세상에 사람들의 생육과 번성을 위한 것이라면, 후자는 하나님의 아들들로 천국이 채워지고 가득해지는 것을 위함이다. 왜냐하면 사도는, 창세기 2장에서 전에 보여주었던 모세의 바로 그 말들 가운데서 이들 결혼에 관한 것들을 취합했기 때문이다.

우리는 첫 장에서 (모세의 역사가 요구한 만큼이나) 둘 다에(of them both) 대해 중요한 것을 말했다. 거기에서 모세 자신의 말로 전자와 후자를 비교했다.

전 장에서 일반적으로, 아울러 둘 다 함께 공통적으로 말했으므로, 우리는 더욱 상세히 그리고 개별적으로 선언해야만 한다. 첫째로 이 두 번째 장에서 성경에서 육체적 결혼에 관하여 알려주기에 적합한 것으로 어떤 것들을 기록하고 있는지를 보여주어야 한다. 이후에 영적 결혼에 대하여 성경 가운데서 우리가 무엇을 배워야 하는지를 생각해야 한다. 왜냐하면 먼저 우리에게 잘 알려져 있는 것들로부터 보다 덜 알려진 것으로 나아가는 것이, 가르침에 있어서 참되고, 자연스러우며 적당한 방법이기 때문이다. 즉 육체적인 것들(corporal things)로부터 영적인(spiritual) 것들로, 모형(types)과 형상들(figures)로부터 더하여 그 원래의 것들(things themselves)로 나아가는 것이다.

하지만 그 같은 육체적 결혼에 관한 모든 부분에 대하여 우리가 똑같이 알아야 하는 것들은, 이 전체 교리의 참되고 확실한 기초에서와 같이, 모세의 역사로부터도 충실하게 모아진다. 마찬가지로 원인과 결과의 순서에 따라, 짧고 논리적인 방식으로 분명하게 확인하고 전달해야 한다. 이 목적 때문에 모든 사람들은 후에 영적 결혼에 대해 논해지는 것들을 더욱 잘 이해할 수가 있을 것이다. 모세의 앞선 역사 가운데 보이도록 남아있는, 이 육체적인 결혼에 관하여 우리는 어떠한 전제들을 먼저 약간 펼친 후에, 거기에 대해 논하도록 하자.

1. 모세가 말한 것에 의해 알 수 있는 것은, 모든 살아있는 피조물 중에, 아담에게 조력자로 주어지기에 합당한 어떤 것이 발견되지 않았다는 것이다. 그러므로 그의 아내로서 그에게 주어져야 할, 하와는 그의 갈비뼈로 만들어져야 할 필요가 있었다. 우리는 그것, 즉 한 남자가 짐승과 함께 잠자리를 하는 것이 나중에 율법에 의해 규정된 하나님의 뜻에 반대될 뿐 아니라, 본성에도 반대되는 것임을 배운다. 레 18:23 [37].

---

37) "너는 짐승과 교합하여 자기를 더럽히지 말며 여자가 된 자는 짐승 앞에 서서 그것과 교접하지 말라 이는 문란한 일이니라"

2. 또한 하나님께서 그에게 한 여자(a woman)를 주셨다는 것에서, 한 남자가 한 여자와 잠자리를 하는 것처럼, 한 남자가 한 남자와 잠자리를 하는 것은 하나님 앞에서 저주스러운 것이자 혐오스러운 것이며, 본성에도 반하는 것이라는 가르침을 받는다. 주께서는 나중에 이를 가장 가혹하게 벌하셨고, 그의 율법에서 명백히 비난하셨다. 즉 그렇게 행하는 자는 그의 백성으로부터 끊어질 것이라고 정하신 것이다. 레 18:29 [38)]

3. 하나님께서는 오직 한 사람과 육체적인 관계(carnal copulation)를 맺도록 한 아내(a wife)를 그에게 주셨으니, 이로써 하나님께서는 합법적인 결혼의 한계를 벗어나는, 모든 무질서한 탐욕(wandering lusts)과 오염(pollution)을 비난하신다는 것을 선언하셨다. [39)]

4. 또한 모세는 이르기를, 하나님께서는 하와를 아담에게 이끄셨다

---

38) "무릇 이 가증한 일을 하나라도 행하는 자는 그 백성 중에서 끊쳐지리라"

39) David N. Bell에 따르면, 옛 동방신학에서는 성관계를 통한 출산이 하나님의 원래 의도가 아니었다. Gregory of Nyssa, John Chrysostom, Maximus the Confessor, Symeon the New Theologian 등은 에덴동산에서 아담과 하와는 서로를 성적으로 갈망하지 않았고, 만약 그들이 죄를 짓지 않았더라면, 인류는 천사들과 동일한 방법으로 번식을 이루어 왔을 것이라고 보았다. 성적 욕구는 우리의 첫 조상들이 금단의 열매를 먹기 전까지는 느끼지 못했던 열정이었으며, 그것은 타락하지 않은 인간 본성의 자연적인 부분은 아니었다고 보았다고 한다. David N. Bell Many Mansions, 이은재 역, 『중세교회 신학』(서울: CLC, 2012), 264-5. 그러나 잔키우스의 입장은 그러한 동방신학자들과 반대의 입장이라 하겠다.

고 했으므로, 혹은 그녀가 불리고 이끌어졌으며, 또한 그리스도에 의해 결합된(joined) 오직 그 혹은 그녀 외에 한 남자, 혹은 한 여자가 그들의 성욕(lust)을 만족시키기 위하여, 누구든 어떤 한 사람에게 가까이 하는 것은 합법적이지 않음을 가르친다. 그들은 주님에 의해 결합된다고 말한다. 그들은 주님의 말씀에 따라 함께 결합되고 짝 지워지는 것이다.

5. 또한 주님이 하와를 아담에게 이끄셨을 때에 아담의 동의를 요구하셨으므로, 한 아내는 그의 뜻에 반하여서 한 남자에게 연합(thrust)하도록 강요되어서는 안 되고, 결과적으로 한 남편도 그의 뜻에 반하여 한 여자에게 강요되어서는 안 된다는 것을 배운다.

6. 하나님 자신이 그 여인을 그 남자에게 이끄셨기 때문에, 하나님에 의해 분명하게 표명된 뜻이 없이는 결혼한 사람들이 갈라서거나 이혼하는 것은 위법(not lawful)이라는 가르침을 받는다. 이는 "하나님이 맺어주신 것을, 사람이 나눌 수 없기" 때문이다.

7. 그렇기 때문에 우리는 여성이 합법적으로 그리고 하나님의 말씀에 따라 다른 이와 결혼하게 되었다면, 어쨌든 그 아내는 주님에 의해 이끌어진 것이므로, 그녀는 사랑을 받아야 하며 또한 아낌(cherished)을 받아야 한다는 것을 알 수 있다. 왜냐하면 하나님께서 그 아내를 남편에게로 이끄셨기 때문이다. 아울러 솔로몬은 이르기를 "집과 재산은 부모의 선물 혹은 유산이나, 현숙한 아내는 주님의 선물이라"[40]고 했다. 그러므로 한 아내와 결

혼할 남자들은 하나님께서 선한 아내를 그에게 주시도록 기도해야만 하는 것이다.

8. 마찬가지로, 아담이 하와를 그의 아내로 취함에 있어 "이는 내 뼈와 내 살이라, 내 뼈 중에 그리고 내 살 중에"라고 했으므로, 우리는 사람이 자신의 몸을 미워하지 않듯이, 그의 아내를 자신의 몸처럼 사랑하고 아껴야 하는 것이 남편으로서의 의무임을 알 수가 있다.

9. 아담에게 "한 사람이 그의 부모를 떠나 그 자신의 아내와 굳게 결합하라"고 했으므로, 이전에 말했던 것 외에도, 결혼의 계약에 있어서 확실한 촌수(degrees)가 지켜져야 한다는 것과, 무엇보다 우리는 부모나 부모 대신에 우리에게 있는 자들(us in stead of parents, 양아버지나 양어머니 등)과 결혼하지 않는 혈통과 본성적인 정직(blood and natural honesty)에 대한 고려함을 지녀야 한다는 것을 배운다. 그러므로 일반적 규칙은 "혈통이 같은 선조나 후손과 결혼하는 것은 합법적이지 않다"는 것이다. 즉 혈족에 있어서 뿐 아니라 부모 대신에 있는 사람들 사이에서의 결혼도 모두 불법적이다. 주께서는 레위기 18장에서 그 촌수에 대하여 후에 모세를 통해 더욱 분명하고 충분하게, 그러한 목적을 위하여 만들어진 율법 가운데서 말씀하셨다.

---

40) 잠 19:14 "집과 재물은 조상에게서 상속하거니와 슬기로운 아내는 여호와께로서 말미암느니라"

10. 또한, 일부다처제(polygamy), 즉 많은 아내들을 동시에 함께 거느리는 것 또는 한 명 이상의 아내를 두는 것도 여기서 단호히 비난을 받는데, 왜냐하면 하나님께서는 한 남자와 한 여자, 오직 그 둘 만을 짝지으며 결합하도록(coupled and joined) 하셨기 때문이다. 그리고 우리 주 그리스도께서는 마태복음 19장에서 이 구절에 대해 해석하시기를, "둘이 한 몸을 이룰지라."고 하셨고, 마찬가지로 "그는 그의 아내에게 합하라."고 하셨다. 그러므로 아내들(wives)이라고 하지 않은 것이다.

11. 같은 말씀에 의해 모든 간음(adultery)도 비난을 받는다. "그는 그 자신의 아내와 합하라."고 했으니, 다른 사람의 아내 혹은 자신의 아내가 아닌 여자와 결합해서는 안 되는 것이다.

12. 또한, 여기에 그녀가 당신의 아내인 한, 혹은 그가 당신의 남편인 한 어떤 이혼도 있어서는 안 된다고 하는 경고가 있다. "그는 그의 아내와 합하라(cleave)."고 했기 때문이다. 그러므로 그녀가 당신의 아내인 한 당신은 그녀로부터 떠나지 말고, 그녀도 당신으로부터 떠나게 하지 말아야 한다. 그녀가 간음의 죄를 짓지 않는 한 아직 그녀는 당신의 아내이니, 이것이 그리스도께서 그 말씀들 가운데서 지으신 결론이다.

13. 그러나 당신의 아내가 당신과 한 몸이 되기를 멈추고서 간부(adulterer)와 한 몸을 이루거나, 혹은 당신이 그녀와 결합(cleave)하는 것을 거부하고서 그녀가 당신을 떠난다고 한다면, 당신은 자유롭게 되는 것이다. 첫 번째 경우[41]에 대하여서

는 그리스도께서 이미 결론을 지으셨고, 둘째 경우에 대하여서도 사도가 이미 결론을 지었다. 그러나 첫 번째 경우의 이혼사유에 대해서 우리들은 합법적이라고 알려질 수 있어야 한다는 것을 알아야 한다. 왜냐하면 우리들은 "하나님이 결합하신 것을 인간이 나누지 못한다."는 우리 주 그리스도의 일반적인 규칙을 지켜야만 하기 때문이다. 그러므로 만약에 남자(man)와 아내(wife)가 이혼하려고 한다면, 그들은 그분의 말씀대로 하나님께로 와서 그들을 분리시켜야 한다. 그들은 하나님의 말씀에 의하여 합법적이라고 알려진 이혼사유에 의해서만, 그들은 진실로 갈라설 수가 있는 것이다.

우리가 뒤에서 살펴보겠지만, 이러한 것들이 영적 결혼에 어울리는 방식에 따라 행해지는 것으로, 그것은 이미 우리가 말한 것들이다. 하지만 육체적 결혼(carnal marriage)에 대해 여기저기에 언급된 여러 혐오스러운 것들에 대한, 확실한 어떤 전제들을 모아 보도록 하자.

모든 결혼에 있어서 모세가 첫째 결혼[육체적 결혼]에 대해, 그리고 결혼 제도에 대해 말한 것을 정리해보기 위해서는,

---

41) 아내가 간음한 경우.

1. 질료인(The material cause).

2. 효력인(The efficient causes).

3. 형식인(The formal cause).

4. 목적인(The final causes).

5. 남편과 아내의 의무

   (The duties of the husband and the wife).

6. 결혼의 중요성(The consequences of the marriage).

등에 대한 사항들을 고려해야만 한다.

질료인에 대하여
(Of the material cause)

————

결혼의 내용(matter)은 부부의 관계를 위해 남성과 여성이 남녀 간의 연합(conjunction)과 성적인 결합(coupling)을 이루는 것으로 정의된다.

1. 그러나 모든 여성 혹은 남성이 오직 같은 종(kind) 가운데 있지 않으면 합법적인 것이 아니다. 모세가 "모든 살아있는 피조물 가운데 아담에게 돕는 배필로 주어질만한 어떤 것도 발견되지 않았다"고 말했던 것이 바로 이를 입증한다.[42] 그러므로 결혼을 위해서 하와가 아담의 갈비뼈로 만들어졌었던 것이다.

2. 게다가 모든 남자 혹은 여자가 결혼하기에 합당하고 적당한 것 (a meet and fit matter)은 아니다. 그들은 적당한 나이에 이르기까지 성장해야 하며, 그들은 서로 간의 결혼에 동의하고 인정해야 하며, 결혼한 사람의 의무를 수행하기에 적합해야만 하

————

42) 창 2:19-20절의 기록을 정황적으로 해석하여 표현한 것으로 보인다.

는 것이 요구된다. 그러므로 하나님 역시 아담과 하와를 장성하고 완전한(full and perfect) 나이의 사람으로 창조하셨던 것이다.

3. 모든 남자 혹은 모든 여자가 장성하고 완전한 나이가 되었을지라도 전부가 합법적인 것은 아니다. 그들은 레위기 18장의 하나님의 율법이 규정하는(prescribes) 친인척의 촌수에서 명하는 그러한 사람들이어야 한다. 그러한 조건은 하나님께서 "그는 그 부모를 떠나"라고 말했을 때에 아담이 보여줬다.

4. 또한 그것은 합법적인 것이어야만 한다. 그들은 둘 곧 오직 한 남자와 한 여자여야 하고 그 이상은 아니라는 것을 필요로 하며 요구되는 것이다. 한 여자는 한 남자 이상과 결혼해서는 안 되고, 한 남자도 한 사람 이상의 아내와 결혼해서는 안 된다.[43] 이것이 주님께서 한 여자를 한 남자에게 이끄시고, 오직 그 둘만이 함께 연합하고 결합하도록 가르치신 것이다.

5. 하나님께서는 신실하고 경건한 여자를 신실한 남자에게 이끄셨다. 그러므로 신중한 노력이 있어야 하고, 그들은 양자가 종교적이고 경건한 사람들로서 결혼해야 한다.

---

43) 이 말은 평생 한 사람과만 결혼하여야 한다는 의미가 아니라, 다만 한 사람과만 결혼관계 가운데 있어야 한다는 것이다. 즉 한 사람과 결혼관계 가운데 있을 동안에는 다른 사람과 결혼관계를 맺어서는 안 되는 것이다.

효력인
(The efficient causes)

6. 육체적 결혼에는 삼자(third person)의 자발적인 동의가 있어야 했다. 즉 하나님의 뜻, 아담의 동의와 하와의 동의가 바로 그것이다.

7. 하나님께서는 하와를 "아담에게로 이끌어 오시"는 것으로써 그의 뜻을 표시하셨고, "둘이 한 몸을 이룰지니라"는 결혼제도의 제정을 통해 이를 확고히 하셨다.

8. 아담은 이끌려온 하와를 보고서 "이는 내 살 중에 살이요 내 뼈 중에 뼈라"고 말함으로 동의를 표했다. 아담은 하와를 그의 아내로 인식했던 것이다. 왜냐하면 하나님의 이끄심을 보았을 때, 그리고 하와의 동의의 뜻을 보았을 때, 그 같은 것을 희망했기 때문이다. 결혼은 한 남자와 한 여자 양 당사자의 자유로운 동의 가운데서 체결되고 이루어지는 합법적인 결합인 것이다.

9. 이 세 의지들, 즉 하나님의 뜻, 하와와 아담의 뜻의 동의가 동시 발생에 의해 결합됨으로서 결혼이 체결되었다. 그러므로 바로 이 셋이 효과적 원인(The efficient causes)인 것이다.

형식인
(The formal cause)

————

10. 육체적 결혼의 형식적 원인은 아담과 하와의 연합이다. "둘이 한 몸을 이룰지니라"는 말씀에서 둘은 두 인격들, 즉 두 사람을 의미한다. 이처럼 남자와 여자의 연합은 두 인격이기 때문에 실제적이다.

11. 창세기에서는 "이러므로 남자가 부모를 떠나 그 아내와 연합하여 둘이 한 몸을 이룰찌로다"라고 했다.

12. 이 연합은 "아담과 그 아내 두 사람이 벌거벗었으나 부끄러워 아니하니라"고 하듯이 순결한 연합이었다. 그리고 "내 살과 내 뼈"라고 고백한 것과 같이 한 몸을 이루는 결합이다.

13. 사람이 자신의 몸을 미워하지 않듯이, 자신의 몸처럼 그의 아내를 사랑하고 아껴야 하는 것이 남편으로서의 의무이다.

14. 하나님은 오직 한 사람과 육체적 관계를 맺도록, 한 아내를 그에게 주셨다. 이 합법적 연합을 벗어나는 모든 무질서한 탐욕[성욕]과 오염은 비난을 받는다.

15. 또한 모든 간음이 비난을 받는다. "그는 그 자신의 아내와 합

하라"는 말씀에서는 어떠한 [불법적인] 이혼도 있어서는 안 된다는 경고가 있다.

16. 그러므로 이 연합은 결혼의 형식인(The formal cause)이다. 모든 것들은 그것의 존재를 그것의 형식에 의해 얻기 때문이다.

목적인
(The Final Causes)

———

17. 그 목적(The end)은 삼중적이다. 첫째로, 한 남자(a man)는 홀로 있지 않아야 하고, 한 동료(a companion)이자 한 돕는(a help) 배필을 가져야 한다. 그리고 여자도 홀로 있지 않아야 하고, 한 남편 그리고 한 머리, 또한 그녀는 그녀의 모든 생애를 다스리고(be governed) 보호해줄 보호자(preserver)를 가져야 한다.

18. 이 목적은 하나님 자신이 "사람이 독처하는 것이 좋지 아니하니, 그를 위하여 우리가 돕는 배필을 만들자"고 말씀하신 것이다. 그래서 여자가 홀로 있는 것 역시 선하지 않고, 그러므로 하나님께서는 그녀를 다스리고 통치할(rule and govern) 머리로서, 그녀에게 한 남편을 주신 것이다.

19. 하나님이 참된 결혼, 특히 마음의 연합으로 두 육체 안에서 한 마음이 되는 결혼이 있도록 하신 것이 결핍되지 아니하고, 거기에 참으로 한 몸을 이룸이 있다면(be one mind in two bodies), 결혼한 가족의 삶보다 더 행복한 것은 없을 것이다.

그러므로 잠 31:10-11은 "누가 현숙한 여인을 찾아 얻겠느냐 그 값은 진주보다 더하니라 그런 자의 남편의 마음은 그를 믿나니 산업이 핍절치 아니하겠으며"라고 했다. 따라서 결혼은 사람의 삶이 더 행복하고 더 즐겁도록 제도화된 것이었다. 반면에 사람이 독처하는 것은 그에게 선하지 않았기 때문이기도 하다.

20. 둘째 목적(The second end)은, 자손들을 확실하게 낳는 것, 자녀들을 계속해서 낳는 것, 그리고 합법적인 상속인들(lawful heirs)이 있도록 하는 것으로, 그것에 의해 인류는 지상에서 생육하고 번성하게 되는 것이니, 그러한 귀결로서 그리스도와 영원토록 함께 살 교회가 모아지는 것이다.

21. 하나님께서는 인류가 무질서한 정욕(bwandering lusts)에 의해서가 아니라 합법적인 결혼에 의해 증가되고 확장되도록 하실 것이다. 택자들은 태어날 것이고 교회는 그로부터 모아질 것이다.

22. 이 목적은 하나님께서 아담과 그의 아내에게 복 주실 때, 그들에게 "생육하고 번성하라…"고 말씀하심으로서 표현된 것이다.

23. 이 목적은 "그리고 그는 갈비뼈로 여자를 만들었다(built)."는 말씀 가운데 "세우다"(built)라는 단어로 명기했다. 하나님께서는 그 남자에게 결혼으로 주어졌던 하와의 창조에 의하여 가족, 도시, 국가 그리고 특히 교회가 나중에 세워질 것을 표시

(signified)하셨다. 그에 관하여 또한 그리스도께서는 이르시기를 "이 바위 위에 내가 나의 교회를 세울 것"이라고 하셨다.

24. 셋째 목적(The third end)은 죄가 들어온 이후에 무질서한 정욕(wandering lusts)과 간음(fornication)[44]이 회피되도록 하는 것이다.

25. 사도가 이것을 고전 7:2절에서 "음행의 연고로 남자마다 자기 아내를 두…"라고 가르치고 있다.

26. 육체적 결혼은 영적 결혼의 신비와 성례(mystery and sacrament)라고 넷째 목적을 말하는 일부 사람들도 있다.

---

44) 특히 미혼자의 간음.

남편과 아내의 의무
(The duties of the husband and the wife)

———

27. 결혼을 순결하고 오염되지 않게 보호하는 원인인 남편과 아내의 의무에 대하여 또한 생각해야 한다.

이에는 두 종류가 있다. 어떤 것은 양 당사자에게 일반적인(common) 것들이고, 어떤 것은 모든 사람에게 개별적(proper)으로 타당한 것들이다.

28. 우선 일반적인 것들은 상호간의 사랑과 상호간의 믿음이다. 이는 사랑에 의해 많은 사람이 하나로 연합되기 때문이고, 믿음에 의해 모든 사회가 보존되기 때문이다.

29. 첫째로 아담에 대해 "그가 그 아내와 연합하여"라고 말했다. 다시 말해 육체 안에서라기보다는 마음과 사랑 안에서 연합하는 것을 표현한 것이다. [45] 둘째로 이르기를 "그 자신의 아내"라고

———

45) 이러한 잔키우스의 언급은 분명 동방교부들과 같이, 타락 전에는 남녀의 육체적인 결합이 없었을 것이라고 하는 주장과 반대되는 것이다.

했으며, 다시 이르기를 "그들은 둘이 한 몸을 이룰지"라고 했다.

30. 그러므로 그들은 서로 간에 이러한 상호간의 믿음(mutual faith)을 지켜야 한다. 그들은 다른 사람에게 결합(joined)되지 않았고, 또한 다른 사람의 육체와의 간음(adultery another's flesh)에 의해 만들어지지 않았다. 특별히 이 수단에 의해, 결혼의 결속(bond)은 보존된다.

31. 개별적으로 모두에게 적합한 의무들(the duties)은, 다른 곳에서 말한 것 가운데 많이 있지만, 이를 요약하자면 이러하다. 아내는 그녀의 남편에게 순복하고 그를 의지하며 그녀 자신이 그에 의하여 다스림을 받고 통치되도록 하는 것이다.[46) 그리고 남자는 머리로서 그의 아내를 다스리며 사랑할 뿐만 아니라 부양하며 보호해야 한다.

우리는 또한 결혼에 뒤따르는 결과들(consequences)을 생각해야만 한다.

---

46) 이처럼 잔키우스는 일관되게 남자의 주관하는 입장 가운데서 결혼을 설명하고 있는데, 그것은 당시 시대의 문화적인 특성의 반영이 아니라 성경에 근거함을 이미 앞서 언급된 수 많은 설명과 성경의 인용을 통해 파악할 수 있을 것이다.

결혼의 결과
(The consequences of matrimony)

————

32. 제일로 주된 결과는 이것이다. 어떤 남자의 몸이 다른 사람에게 공유(common)되었을 때, 한 사람에게 고유한 모든 것은, 그것이 순경(prosperity)이든 역경(adversity)이든 같은 것들이 다른 편에게 공유 된다. 즉 남편의 것은 무엇이든지 아내의 것이 되고, 아내의 것은 무엇이든지 남편의 것이 된다. 이것은 결혼에 있어 고유한 것이고 그것으로부터 분리될 수 없을 만큼 밀접한 것이다.[47]

33. 모세는 "그들은 둘이 한 몸을 이룰지니라"고 기록하고 있다.

34. 둘째로는 결혼의 상태가 이행되는 거기에 다양한 고난과 역경들이 가로놓여 있다는 것으로서, 친한 친구들(familiar friends)과 낯선 사람들(strangers)에 의해 빈곤, 병듦, 유형, 걱정거리, 상해와 같은 것들이 결혼으로 생겨나게 되기도 하는

————

47) 나중에 언급될 것이지만, 이러한 결혼관계에 관한 설명은 단순히 인간론적인 언급에 그치는 것이 아니라 그리스도와 신자 혹은 그리스도와 교회의 연합을 설명할 때에 다시 한 번 유용하게 제시된다.

것임에 틀림이 없기 때문이다.

35. 또한, 거기에는 하나님께서 결혼한 사람들에게 복 주시는 그것
으로부터의 위로와 축복이 많이 있기도 한 것이니, 예컨대 참
된 사랑과 믿음으로 서로 살아가는 것으로서, 신실하고 거룩한
결혼은 그것의 위로와 열매를 갖기 때문이다. 그들은 자녀를
갖고, 그들의 자산(substance)이 증대되며, 역경 안에서도 상
대방을 위로하며, 순경 안에서 함께 기뻐하고 함께 하나님을
찬양한다.

결혼의 이러한 몇몇 결과들로, 모든 나머지들이 언급될 수 있다. 즉
결혼의 효과들 가운데서 일반적으로 우리가 인식하는 것들까지도 언
급된다. 그러므로 나는 결혼에 대해 언급되어진 원인(causes)과 의무
(duties), 그리고 결과(consequences)로서, 결혼의 전 교리가 충분히
이해되리라고 생각한다.

36. 확인을 위해, 결혼에 대한 다양한 성질과 특성을 나타내는 그
리스 사람들과 라틴 사람들 사이에 일컬어지는 결혼에 대한 다
양한 명칭들을 덧붙여 보도록 하자.

37. 그리스 사람들은 결혼을 'gamos'라 부른다. 이 명칭에 의해 이
중의 이유(a double reason)가 묘사된다. 일부는 그것이 'da
mon'이기에 그것을 'gamos'로 불리도록 할 것이다. 즉 동사
'damazein'으로부터 온 것으로, 처녀는 유순하고 그들의 남편

에게 순복하도록 되어있기 때문에 유순함을 의미하는 것으로 보기도 한다. 이는 여자에게 정당한 의무로 언급되고 그것으로 남편에게 순복하도록 되어있다. 어떤 다른 사람들은 결혼한 그들이 굳게 연결되고(fast linked) 함께 결속되었기(bound) 때문이라는 의미를 강조하기도 한다. 이는 형식(form)을 언급하는 것으로, 결혼은 한 남자와 한 여자, 둘의 연합과 결합이기 때문이다. 그들은 'omozugw' 즉 한 멍에 가운데로 함께 이끌어진 사람들인 것이다.

이에 대한 라틴어 단어 'conjugium'은 멍에를 뜻하는 'jugum'으로부터 유래했다. 그것으로 남편과 아내는 함께 멍에가 메여지고 묶인 것을 나타낸다. 이러한 이유로 사도는 이르기를, "이교도와 멍에를 함께 메지 말라"[48]고 했다. 즉 그[이교도]들과 결혼식을 올리지 말라(no matrimony)는 것이다.

38. 하지만 결혼식은 한 어머니를 의미하는 'Mater'에서 유래한다. 왜냐하면 여자가 특히 이 목적을 위해 한 어머니가 되도록 결혼하게 되기 때문이다. 그리고 이러한 이유로 아담은 그의 아

---

48) 고후 6:14-16절 "너희는 **믿지 않는 자와 멍에를 함께 메지 말라** 의와 불법이 어찌 함께 하며 빛과 어두움이 어찌 사귀며 그리스도와 벨리알이 어찌 조화되며 믿는 자와 믿지 않는 자가 어찌 상관하며 하나님의 성전과 우상이 어찌 일치가 되리요…."

내 이브(Eve)를 'Havah' 즉 '살아있는'(living)이라는 뜻의 이름으로 불렀다.[49] 왜냐하면 그녀는 모든 산 사람(men living)의 어머니가 될 것이기 때문이다.[50] 이것이 결혼(matrimony)에 있어서의 목적으로 언급되었다.

39. 그것은 'Nuptiae', 그리고 'connubiam of nubendo'로 즉 '덮음'으로 불린다. 결혼하도록 처녀들이 이끌릴 때에 그들은 자신들을 겸손과 남편에 대한 그들의 복종의 증거를 보여주기 위

---

[49] 창 3:20절 "아담이 그의 아내의 이름을 하와라 불렀으니 **그는 모든 산 자의 어머니가 됨이더라.**"

[50] 사실 아담이 그녀를 '하와'라 이름을 지은 것에는 상당히 싶은 신학적 의미들이 담겨 있는데, 비록 창 3:22에서 여호와 하나님께서는 사람들이 "생명 나무"를 취하지 못하도록 하셨으나, 그보다 앞서 이미 20절에 '생명'이라는 의미를 담은 "하와"라는 이름을 통해 구원을 예표해 두셨음을 볼 수 있다. 즉 신약성경 딤전 2:15절에서 사도는 이르기를 "그러나 여자들이 만일 정숙함으로써 믿음과 사랑과 거룩함에 거하면 그의 해산함으로 구원을 얻으리라."고 했으니, 이는 여자를 통해 나시게 될 언약의 자손이자 영원한 생명(구원)의 자손이신 예수 그리스도의 탄생(출생)을 예표하는 것이다. 그러므로 모든 첫 사람 아담에게서는 사라진 구원의 가능성이, 오히려 먼저 범죄한 하와를 통해 가능하게 되도록 예비하심이 하나님의 놀라운 구원의 경륜이었던 것이다. 바로 그러한 이유로 디모데전서 2장에서 사도는 남자와 여자에 대해 언급하는 8-15절보다 앞서 5-6절에서 "사람이신(사람으로 나신) 그리스도 예수"에 관해 언급한 것이다.
그러나 한 가지 기억해야만 하는 것은, 이를 위해 여자가 감당할 고통이 크다는 점이다. 창 3:16절에 기록한 바와 같이, 여자는 남자보다도 훨씬 더 고통스러운 벌을 감당해야만 하는 것이다. 그리고 "그의 해산함으로 구원을 얻으리라"고 한 딤전 2:15절 말씀에서 함께 언급한 "정숙함으로써 믿음과 사랑과 거룩함에 거하"는 것은, 다름 아닌 남자(남편)에게 순복하도록 요구되는 것으로 언급하고 있는 점이다. 즉 창 2:18절에 언급된 "돕는 베필"로서 정숙함과 믿음, 그리고 사랑과 거룩함에 거하도록 함인 것이다.

하여 자신들의 얼굴을 덮었던[가렸던] 것이다. 그에 대한 예를 창 24:65절[51]의 리브가(Rebecca)에게서 찾아볼 수 있다.

이것으로서 육체적 결혼에 대한 둘째 장(chapter)에 대해 충분히 논했다. 그것은 여섯 부분으로 구성되었고, 거기서 우리가 육체적 결혼에 대해 말했던 것을 이해한 것같이 성경의 여기저기에서 가르치는 영적 결혼에 대하여 말했던 것도 잘 이해할 수 있을 것이다. 왜냐하면 우리는 이후로도 같은 방식을 따를 것이기 때문이다.

---

51) 창 24:65 "종에게 말하되 들에서 배회하다가 우리에게로 마주 오는 자가 누구뇨 종이 가로되 이는 내 주인이니이다 **리브가가 면박을 취하여 스스로 가리우더라**"

영적 결혼
(그리스도와 교회의 영적인 연합에 관하여)

CHAPTER III :

육적 결혼 교리의 형식에 따른, 영적 결혼에 대한 교리

―――――

육적 결혼의 교리에 대한 형식에 따라,
이제 영적 결혼에 대한 교리가 펼쳐져 놓이게 된다.
그러므로 주요한 셋째 장에 이르게 되는데,
아울러 육적 결혼에 대하여 말했던 것이 그리스도와 교회 사이에 있는
영적 결혼의 원인들에 있어서 어떻게 일치하는지를 알아보도록 하자.

첫째는, 단순하지 않지만 같은 종과 본성 가운데 있는 사람들인,
남성과 여성이라는 결혼의 질료에 대한 것이다.

영적 결혼의 질료
(The matter of the spiritual marriage)

————

1. 이 영적 결혼에서 '그리스도'는 한 당사자로서 남성을 대신하고, 다른 한 편으로서 '거룩한 교회'는 여성을 대신하여, 또한 실로 아담의 갈비뼈로 만들어진 하와를 대신하여 존재한다.

2. 둘째 아담이신 그리스도는 교회의 머리이시고 전에 내가 보여준 것 같은 그런 의미에서 그의 옆구리에서 취하여진 교회의 보존자이시기 때문이다.

3. 그는 교회를 그녀[교회]의 마음에 보내진 그의 성령과 그의 말씀의 씨에 의해 부요하게 만드셨고, 그러므로 남편의 이름으로 가치 있게 보존하시기 때문이다.

4. 그리고 '교회'는 그리스도에게 복종하고 그리스도로부터 영적인 씨를 받고 '그리스도'는 교회의 도움으로 그 자신에게 많은 아들들을 낳기 때문에, 교회는 여자와 아내의 지위를 대신한다.

5. 또한, 그[그리스도]의 인성(humanity)에 따라, 그리스도와 교회는 하나이고 동류이기 때문이다.

6. 이러한 이유 때문에 말씀이 육신이 되셨으니, 즉 하나님의 아들

이 교회의 참된 신랑이 되도록 사람이 되셨던 것이다. 이 결혼이 같은 성질과 본성(kind and nature) 가운데 있지 않은 그러한 사람들 사이에 체결되는 것은 합당하지 않으니, 어떤 사람의 머리가 그 몸으로부터 다양한 본성과 성질 가운데 있을 수는 없는 것이다.

7. 그러나 바울이 말하듯이 남편은 아내의 머리이고, 아내는 남편의 몸(body)이요 살(flesh)이다.

8. 그러므로 성경에 따라 적절하게 말하자면, 성부 하나님께서는 교회의 남편 혹은 신랑이 아니시고, 성령 하나님께서도 또한 아니시지만, 성자 하나님[그리스도]께서는 홀로 사람이 되셨기 때문에 그런 것이다. 그러나 성부께서 그의 배우자를 그에게 주셨고, 그의 성령에 의해 그녀[교회]를 그의 아들에게 연합하시고 결합(coupled and joined)하셨다.

9. 요 6:37절은 "아버지께서 내게 주신 자는 다 내게로 올 것"이라고, 그리고 세례 요한은 그리스도께서 교회의 신랑이라고 말하고 사도들도 여러 곳에서 같은 것을 확인한다. 바울은 이르기를 "내가 너희를 정결한 처녀로 한 남편인 그리스도께 드리려고 중매함이로다"라고 했다(고후 11:2). 그리고 요한계시록에서도 신부[교회]는 신랑[그리스도]을 부르며 말하길, "주 예수여 오시옵소서. 오시옵소서."[52]라고 했다.

---

52) 계 22:20절.

10. 우리가 읽는 여호와 하나님과 교회 사이의 결혼에 대한 구약의 약속들은 무엇이나(호세아 2장에서 "나는 너를 나에게 믿음으로 결혼시킬 것이다"라고 말하듯이), 그리스도에 대한 것으로 이해되는 것이 적절하니, 즉 육체 가운데 나타내신 성자에 대한 것으로 이해되어야 한다.

11. 이는 교회의 참된 신랑이 되고 교회와 같은 본성의 참된 신랑이 되도록 하는 이러한 이유로, 하나님의 아들은 모든 것에서 우리와 같이 본성에 의해 사람이 되셨지만, 오직 죄는 없으셨기(sin only excepted) 때문이다. 또한 교회가 그와 같도록, 그는 그녀[교회]를 중생시키고 죄로부터 교회를 씻기시어 몸이 그 머리와 같게 혹은 그 머리가 그 몸과 같게 하셔서 남편과 아내 양자가 같은 본성과 성질의(nature and quality) 한 몸(one flesh)이 되도록 하셨다.

12. 이에 의해(신랑이 신부가 존재하는 같은 성질과 본성으로 되어야만 하고 죄는 없되 모든 것에서 신부와 같아야 한다는 이 조건에 의해), 교회가 신부의 몸과 전혀 닮지 않은 몸을 가진 신랑을 갖는다고 하는, 즉 보이지 않는 몸, 어떤 확실한 장소에 제한되지 않지만, 유형적으로 그리고 본질적으로 어디든지 존재한다고 하는, 느낄 수 없고 혹은 만질 수 없는 몸을 소유한 신랑을 갖는다고 가르치는 사람들의 교리가 무엇인지를 우리는 알 수 있다.

13. 그런 몸은 실로 신부의 몸과 같은 성질로 있지 않은 것이다. 그

러므로 그리스도가 교회와 모든 것에 있어서 본성에 의해 닮지 않았다고 한다면, 그런 그리스도는 교회의 신랑이 아닌 것이다.

14. 그러므로 이 거짓 그리스도에게 복종하고, 그를 예배하며 찬양하고, 그의 신랑으로서 거짓 그리스도를 품는 자는, 모든 것에 있어, 죄를 제외하고, 우리와 같아지신 참 그리스도를 대항하여 간음의 죄를 범하는 자인 것이다.

15. 그러나 그들은 말하기를, 동일한 그리스도가 제한되고, 보이며, 하늘에 그의 몸을 가지고, 느낄 수 있지만, 땅에서는 보이지 않는 등등의 몸을 가진다고 한다.[53]

16. 먼저 나는 성경에 그러한 그리스도를 묘사하는 곳은 어디에도 없다고 대답하겠다. 교회는 그러한 그리스도를 알지 못한다. 교회는 말시온(Marcian) 이단을 대항하여 그러한 그리스도를 거부한다.

17. 당신이 말하는 보이지 않는다는 것이 그 같은 몸인지 다양한 몸인지 등등이 만일 별개라면, 그래서 이 그리스도가 교회의 신랑이 아니라고 한다면, 교회의 신랑은 교회의 영혼, 그리고 그 몸과 같은 본성의 한 영혼과 한 몸을 가질 것이기 때문이다.

---

53) 이러한 주장은 16항에서 언급하는 말시온 이단의 견해로써, 그들이 생각한 그리스도는 물질이 아닌 육체이며 다만 겉으로만 그렇게 보이는 것이고, 그는 하늘에서 직접 오셨으며 육신의 부모나 인간으로서의 역사도 지니지 않는 분이시라고 주장했다.

그것은 모든 것에 있어서 우리와 같은 것이다. 또한, 참으로 그리스도께서는 교회의 신랑으로 모든 점에서 우리의 것과 같은, 처녀로부터 취하신 오직 한 몸을 가지셨다.

18. 그러나 만일 당신이 그것을 하늘(heaven)에서는 제한적(circumscriptively)으로(즉 하늘의 한계가 없으며 그 일부가 연장됨이 없도록 그렇게 포함된), 땅에서는 한정적(definitively)으로(즉, 어떤 사람이 그것을 지적하여 "여기 있다"고 말할 수 있도록, 그처럼 포함된), 그리고 어디서나 충만(repletively)하도록(즉 모든 장소를 채우는) 하나의 같은 몸이지만 그것이 다양한 방식으로 존재하는 것으로써 하늘과 땅에 있다고 말한다면,

19. 나는 답하기를, 첫째로 하나이고 똑같은 것이 그렇게 많은 존재의 방식을 가질 수는 없다.

20. 둘째로, 이로써 그 몸은 모든 것에서 우리와 같은 것으로 되지를 않게 될 것이다.

21. 신부의 몸은 함께 그리고 동시에 보이고 보이지 않으며, 한정되고 한정되지 않는 그런 식으로 어디에나 존재하지 않았고, 현재도 그러하며, 존재할 수도 없고, 혹은 몇몇은 한정적인 곳에, 제한적으로 다른 곳에, 모든 곳에 충분히 존재하는 그런 식으로 어디에나 존재하지를 않았고, 현재도 그러하며, 존재할 수가 없기 때문이다.

22. 그러므로 교회의 참된 신랑은 전달할 수 없는 속성(즉 전달될

수 없는 그러한 속성)을 지닌 그러한 몸을 가질 수 없다.

23. (불가능한 것이지만) 만약 그러한 속성을 지닌다면, 그는 간부 (adulterer) 외에 교회의 참된 신랑이 되지는 않을 것이다. 왜 냐하면 그가 신부와 같은 본성과 성질로(nature and kind) 있 지 않기 때문이다.

24. 게다가 그들이 말하는 이 몸은 모든 곳에 존재하지만 보이지 않고 볼 수 없는 것이다. 그것은 생명을 가진 이성적 혼이 부여 된 몸이거나, 혹은 생명을 갖지 않은 몸이다.

25. 만약 생명이 없다면 이 몸을 구성하는 그리스도는 교회의 참된 신랑이 아니니, 참된 그리스도의 몸은 소생되고, 생명과 삶 (life and lives)을 가지기 때문이다.

26. 만일에 소생되고 생명을 갖는다면, 그것은 같은 영혼에 의해 소생된(하늘에 제한되고, 보이며 느낄 수 있는) 그 몸에 의해 소생되거나, 혹은 다른(another) 그리고 다른 영혼(different soul)에 의한 것이다.

27. 만약 다른 영혼에 의한다면 그는 교회의 신랑이신 우리 그리스 도가 아니다. 왜냐하면 우리 그리스도는 오직 한 영혼(soul)을 구성하시고, 마찬가지로 한 몸(body)을 구성하시기 때문이다. 그가 죽었을 때 그의 몸으로부터 나온 그 영혼을 말한다. 그러 므로 (그의 몸으로부터 나왔기 때문에) 그 순간에 모든 곳에 존 재하지 않았으며, 그 후에도 없었고, 다시 찾거나 취하여지지 도 않았다. 어쨌든 모든 곳에 있지 않았다.

28. 그러나 이 보이지 않는 몸은 (하늘에 있는) 그 보이는 몸이 소생된 것에 의해 같은 영혼에 의해 소생된다고 말한다면, 이것은 참일 수 없다.

29. 첫 번째 이유는 한 영혼(soul)이 두 형태(form)로 존재할 수 없기 때문이며 같은 것이 다양하고도 몸에 반하여 존재할 수 없기 때문이다.[54]

30. 둘째 이유는 당신이 모든 곳에 (무제한적으로) 존재한다고 가정하고 상상하는 그 몸이 본성적이지 않고 유기적인 몸이 아니라면, 우리 신랑의 인간 영혼은 본성적이고 유기적인 몸의 형태일 것이기 때문이다.

31. 하늘에 한정되고 제한된 우리 신랑의 몸 안에 있는 그 영혼은 육체의 범위를 넘지 않을 뿐 아니라 그것의 본질로부터 방황하지 않는다. 그러므로 이 보이지 않는 몸 그리고 어디서나 유형적으로 나타나는 몸은 소생될 수 없고 하늘에서 소생된 보이는 몸에 의하여 같은 영혼에 의해 그것에 주어진 생명을 갖는다. 그러므로 그들의 배우자의 몸과 더불어 같은 본성과 성질로 있지 않다면, 우리 신랑의 몸이라 할 수가 없다.

---

54) 이러한 잔키우스의 언급들 가운데서 우리들은 그리스도의 인성과 신성이 결코 분리됨이 없이, 그러나 분명하게 구별되는 두 속성을 이루신다는 사실을 파악할 수 있다.

그리고 이것은 이 결혼의 합법적 논재(matter) 안에서 요구되는 두 번째 조건을 만족하게 한다.

32. 그 논재의 셋째 조건은 남자와 여자가 결혼에 대하여 동의와 일치(consent and agree)가 있어야 한다는 것이다. 이것은 그리스도 안에서나 교회 안에서 부족함이 없이 발견될 수 있다. 나는 교회 안에서 그것은 (명백하고 확실한 것으로) 모든 사람들 안에서 분별의 충분한 연령 그리고 나이까지 성장한다고 주장한다.

33. 그러나 유아들(infants)은, 비록 그들이 그들 자신의 의지로써 능동적으로(actually) 동의할 수 없다할지라도, 그들은 이미 거기에 동의하고 다른 사람의 뜻에 의해 (다시 말해 교회와 그들의 부모의 뜻에 의해) 동의한다. 그리고 유아들은 나중에 분별의 나이가 될 때, 그들 자신의 뜻(their own will)에 의해 동의하게 될 것이다.

34. 그러므로 우리의 하늘 아버지께서는, 그리스도의 피로, 그의 성령의 작용과 능력으로(operation and power) 말미암아, 그들을 중생시키셨고, 그의 교회의 몸으로 그들을 접붙이셨고, 또한 교회의 몸 안에 있도록 그들을 승인(acknowledges)하시고, 그의 거룩한 결혼으로부터 그들을 추방하지 않으신다.

35. 왜냐하면 온 교회는 그리스도의 배우자이며, 중생된 유아는 교회의 일부이기 때문이다.

36. 비록 그들이 그들 자신의 뜻에 의해 이 결혼에 합의하고 동의할 때 마침내 그리스도의 배우자가 된다고 말하지만, 이미 (전에 말했듯이) 그리스도는 그들을 그의 배우자로 승인하셨다. 왜냐하면 그 자신이 동의하기 때문이며, 그들의 이름으로 동의하기 때문이기도 하고, 하늘의 아버지께서 뜻하시고 육신을 따른 그들의 부모가 동의하며, 게다가 그는 그들이 그들의 때에[즉 장성한 때에] 또한 동의하고 전에 그들이 할 수 없었던 것을 실행할 것을 아시기 때문이다. 그러므로 이 결혼에 부족한 합법적인 논재에 대한 이 세 번째 조건은 없는 것이다.

37. 촌수(degrees of consanguinity)에 관련한 넷째 조건은 여기에서 여지가 없고, 이 결혼을 방해할 것은 아무 것도 없다.

38. 또한 논재의 넷째 조건, 즉 그들이 오직 둘, 한 남자와 한 여자라는 것은 불필요하다. 비록 신실한 자들, 즉 교회의 회원들은 많고 다양할지라도, 그들은 모두 하나의 같은 영에 의하여 하나로 결합되고 연합되기 때문이며, 같은 영에 의하여 한 몸으로 세례를 받기 때문이다. 그러므로 회원들의 다수는 장애가 아니다. 그러나 그들은 모두 한 몸, 한 육체, 그리고 한 사람이므로 그리스도의 한 배우자일 것이다.

39. 왜냐하면 그리스도의 자연적 몸에서 지체들의 다수가 그를 한 몸 이상으로 만들지 않기 때문이다. 그는 오직 하나요 같은 그리스도이며 한 신랑(one bridegroom)이시므로, 두 본성들(two natures)이라고 하는 것은 허락되지 않기 때문이다.

40. 그는 하나의 같은 본질(one and the same essence)로 존재하는 성부와 성령과 더불어 하나의 같은 신격(one and the same Godhead)을 구성하는 유일한 하나의 인격(only one person)이기 때문에 한 그리스도(one Christ)시니, 하나의 인간 영혼과 하나의 인간 몸이 모든 것에 있어서 우리들의 것을 구성하는 것과 같은 것이다.

41. 그러므로 그는 한 그리스도시다. (그는, 그의 유일한 하나의 제한된 몸(only one and finite body)으로 하늘에 있는 그의 아버지의 우편에 앉아 계신다). 그리고 교회는 항상 홀로 그를 인정하고 교회의 신랑으로 어떤 다른 자도 인정하지 않았다.

42. 만약 당신이 그에게 다른 몸과 다른 영을 고안하여 돌린다면, 그는 지금 더 이상 교회의 한 신랑이 아니며 둘일 것이다. 그러나 그리스도의 교회와는 멀리 떨어져 있는 이러한 다혼제(polygamy)는, 하나 이상의 남편을 갖는 것이라 하겠다.

43. 그러므로 이 조건(condition)에 의해 교회에 두 남편을 주는 그들의 의견이 참으로 얼마나 기괴하고 신성모독적인 의견인지가 드러난다.

44. 거기에 다른 조건이 더해졌다. 즉 거기에는 하나의 단서(a caveat)와 경고(a regard)가 있어야 하는 것이다. 그것은 신실하고 경건한 남자들이 현세적이고 악한 여자와, 또한 경건하고 신실한 여자가 현세적이고 악한 남자와 결혼하지 않는다는 조건이다. 왜냐하면 사도는 신실한 사람들이 우상숭배자들과

멍에를 같이 매지 않도록 하라고 권고하기 때문이다.[55]

45. 그리스도께서는 진실로 그 자신과 결합하고 결혼한 그의 교회를 죄로부터 씻기셨으니, 첫째로 십자가 위에서 흘리신 그의 피에 의해, 교회를 위한 죄사함과 용서를 그의 아버지로부터 의심 없이 획득하시고, 그 자신의 거룩함과 의를 전가(imputing)하시고, 전하심(communicating)에 의하여 그 자신으로 교회를 거룩하게 하셨다. 그 후 새로 태어남(new birth)의 씻음에 의하여, 그는 그들의 죄로부터 교회의 모든 지체(every member)를 씻기시고, 그들을 참으로 거룩하게 만드는 진실하고 참된 거룩함(holiness)으로 거룩하게(sanctifies) 하셨다.

46. 그러나 교회가 가지고 있는 죄의 잔재는 여전히 남아있어서, 부분적으로 그는 교회에게 전가(impute)하지 않으시고 부분적으로는 감소시키시며(diminishes) 매일 더욱더 그것들을 없애시니, 마침내 교회가 흠과 점이 없이 하늘나라에서 모두 영광스럽게 그에게 나타날 때까지이다.

47. 그 결과 그리스도의 피로 그 죄가 씻기지 않은 사람과 그의 영에 의해 새롭게 태어나지 않은 사람들은 그리스도의 배우자가 아니라는 결론이 나온다.

48. 아담의 아내가 될 그 여인은 아담의 갈비뼈로 만들어져야만 한다. 그래서 그리스도의 아내와 배우자(wife and spouse)가 될

---

55) 고후 6:14절 "너희는 믿지 않는 자와 멍에를 함께 메지 말라…."

교회는 (물과 피가 흐른 그곳으로부터, 그리스도의 옆구리 가운데서 취하여진) 죄로부터 씻겨야할 필요가 있고 새롭게 태어나야만 한다. 왜냐하면 하나님 아버지는 그의 거룩한 갈비뼈 가운데서 전적으로 창조된 그녀 외에 다른 어떤 자를 아담에게로 이끌지를 않으셨기 때문이다.

49. 그리고 또한 아담은 그 자신의 갈비뼈로부터 취하여 만들어진 그녀 외에 그의 아내가 되도록 어떤 다른 자를 알거나 취하지 않았다. 또한 그 여자도 그녀가 전적으로 창조된 그 갈비뼈의 소유자인 그[아담] 외에 그녀의 남편이 될 어떤 다른 자를 알지를 못했다.

50. 마찬가지로 그리스도도 십자가 위에서 그의 옆구리로부터 취한 교회 외에, 즉 그의 피로 씻긴 자, 중생되고 새로운 피조물이 된 자 외에는 그의 교회로 승인하지 않으신다. 그리고 다시한 번, 참된 교회는 육신을 따라 처녀의 몸으로부터 다윗의 씨가운데 태어난 그 외에는 그리스도로 그리고 교회의 남편으로 승인하지 않았다. 그는 강보에 싸였고, 다른 사람들과 먹고 마셨으며, 이방인 사이에서는 어디에서나 거하지 않으신데 반해 유대인 가운데의 팔레스타인에 거하셨고, 우리를 위해 고난 받으셨으며, 십자가에 달리셨고 죽으셨으며, 그 가운데 물과 피를 흘리신 그의 옆구리를 찔리셨으니, 그것이 바로 우리의 구속과 중생의 내용(matter)이셨던 것이다. 그러므로 십자가에서 죽으신 그의 옆구리 가운데서, 온 교회가 발생하고 태어났

다.

51. 이단들[56]은 이 그리스도의 몸이 보이지 않고, 볼 수 없으며, 느껴지지 않는 본질(substance)로 어느 곳에나 있다고 단언한다. 그렇다면 그런 그리스도의 옆구리로부터 교회가 거룩하여지는가? 하지만 그런 몸은 옆구리가 없고, 왼쪽 혹은 오른쪽도 없기 때문에, 그 몸에는 피가 없고, 다윗의 씨로부터 오지도 않았으며, 처녀로부터 태어나지도 않았고, 고난도 받지 않고 십자가에 달리시지도 않았다.

52. 그러므로 그리스도의 교회가 결코 인정하지 않은 것처럼, 이제 교회는 그런 그리스도가 신랑과 남편이 됨을 인정하지 않아야 하며, 그리스도의 몸은 하늘에 있고 그의 피로 교회는 거룩하게 되고 보존된다는 것에 동의해야만 한다. 따라서 결혼의 논제(matter of marriage)에 있어서, 만약 우리가 정당하게 결혼의 합법적인 논제를 고려한다면, 그 그리스도(그의 인성에 있어서는 하늘에 계신)와 교회(부분적으로는 하늘에, 또한 부분적으로 땅에 있는) 사이의 결혼은 참되고, 합법적이며 거룩한 결혼이라는 것이 증명된다.

53. 만약 어떤 사람이 그들 또한 교회의 한 부분이기는 하지만, 그들은 하나님도 사람도 아니기 때문에 그리스도와 같은 본성으로 있지 않은 천사를 제외한다면, 이 점에 관하여 나는 답하기

---

56) 영지주의와 말시온의 이단들.

를, 첫째로 사도가 히 12:22절[57]에서 그들에게 준 (다른 사람들은 간과하는) 증거 때문에 나는 그들이 교회의 몸에 속한다는 것을 의심하지 않는다. 그리고 둘째로, 비록 그들이 사람이 아니지만(not men) 그리스도가 사람(men)이시기 때문에, 그리스도의 영혼의 이유로 그들은 다른 본성으로 있지 않다. 왜냐하면 그리스도의 영혼(soul)은 창조된 영(created spirit)인 것처럼, 그들은 의지와 이해력을 가진 창조된 영들(created spirits)이기 때문이다.

54. 적절하게 말해서, 그 결혼은 그리스도와 택함 받고 선택된 사람들의 무리 사이에서 이루어진다. 왜냐하면 (사도가 말하듯) 아브라함의 씨 외에는 그의 위격의 연합(unity of his person)으로 천사를 취하지 않았기 때문이다. 바울이 그와 교회에 대한 것, 즉 "둘이 한 몸", 혹은 그들은 "한 몸"이라고 한 것처럼, 천사가 몸을 가지지 않았다면 그것은 또한 그리스도에 대해서와 천사에 대해 참으로 말한 것이 아니다.

55. 하지만 그들도 그리스도와 하나이고 머리 아래에서처럼 그리스도 아래에 있다. 왜냐하면 그리스도는 또한 천사들의 머리이기 때문에, 에베소서 1장과, 골로새서 2장에서 볼 수 있듯이, "누가 모든 권세와 능력의 머리인가" 그리고 그는 모든 신실한

---

57) 히 12:22 "그러나 너희가 이른 곳은 시온산과 살아계신 하나님의 도성인 하늘의 예루살렘과 천만 천사와"

사람들에게 하시듯이 은혜와 생명과 지혜를 그들에게 주신다. 그러므로 그들은 교회의 몸으로부터 분리될 수 없다. 그래서 그들은 또한 어떠한 방식에 따라서 그리스도의 배우자이다. 반면 성경은 일상적으로 그리고 평이하게 택함 받고 선택 받은 사람들의 무리에 대하여 오직 이것을 말한다.

56. 사도는 에베소서 5장에서 신실한 사람들의 무리인 교회와 그리스도 사이의 결혼에 대한 모형과 형상(type and figure)이었던 아담과 하와의 결혼에 대해 말하는 것 외에 다른 것을 말하지 않는다.

명제(The position)

이 영적 결혼식의 효과적인 원인에 대하여 (Of the efficient causes of this spiritual matrimony)

———

1. 더욱이 효과적인 원인으로 말하자면, 나는 이미 그것들은 셋, 즉 삼중의 삼자간의 동의가 있다는 것을 이미 나타내 보였다. 부모들의 자유로운 동의, 신랑의 자유로운 동의, 마찬가지로 신부의 자유롭고 자발적인 동의. 이들 세 동의들이 우리의 이 영적 결혼에서도 빠져 있지 않다.

2. 왜냐하면 하나님 아버지께서는 만물의 시작 전부터 그의 위격의 연합으로(into the unity of his person) 우리의 육신을 취하신 성자가 교회와, 즉 택자의 온 몸과 결혼하도록 뜻하셨기 때문이다. 그리고 교회가 그리스도와 결혼하도록 그리고 둘이 한 몸 (one body)과 한 육체(one flesh)를 만들 것을 뜻하셨다.

3. 하나님께서는 이것이 그의 뜻임을 선언하셨고 거울과 형상으로 처음 아담과 하와의 결혼에서 선포하셨다. 에베소서 5장에서 사도가 그것을 해석하는 것처럼, 그리고 그 결과로서의 다른 모든

합법적인 결혼들에서처럼.

4. 마찬가지로 하나님께서는 교회와 그리스도가 하나로 결합되도록(be joined), 교회와 그리스도에 관하여 다양한 약속들에 의해 그것을 선포하셨다. 그리고 그들 약속들은 모세와 선지자들의 책에서 매우 일반적으로, 또한 종종 발견된다.

5. 여기 그 언약 관계(covenant relation)는 특히 하나님께서 아브라함과 그의 후손(seed)들과 맺으신 것에, 그리고 하나님께서 선조들과 종종 갱신했던 것에 특히 관련이 있다.

6. 그러나 무엇보다 명확하게 성부께서 마리아에게 천사를 보내시면서, 그녀가 그의 백성[즉 교회]을 그들의 죄로부터 구원할, 그리고 영원토록 야곱의 집에 머무를, 또한 우리와 한 몸을 이룰 우리의 임마누엘이 되실 뿐만 아니라 진실로 우리와 함께 하시는 하나님이 되실 한 아들을 잉태하여 낳을 것이라는 그의 뜻을 알리셨을 때, 하나님의 뜻을 표명하시며 알도록 하셨다.

7. 마지막으로, 하나님께서는 우리가 그리스도께로 결혼하며 그와 한 몸, 즉 그의 살 중에 살이요 뼈 중에 뼈로 될 것을 바라신다는 복음에 대한 설교에 의해 그의 이 뜻을 선포하시고 알도록 하셨다.

8. 거기에는 성례가 속한다. 세례(Baptism)와 성만찬(the Supper of the Lord)에 의해 우리가 그리스도의 친교(society)와 교제(fellowship)로 받아들여지고, 마찬가지로 함께 성장하는 것이다. 그러므로 성부의 뜻은 명백하고 충분히 드러났다.

9. 태초부터 성자께서는 성부께서 뜻하신 것과 같은 것을 뜻하셨고 (has willed the same), 성부께서 행하신 같은 수단들에 의해 (by the same means) 함께 그의 동의를 선포하셨다.

10. 이것은 그가 육신을 취하시기 전에 그의 교회에게 하신 "내가 진실함으로 네게 장가들리니…."[58]라고 하신 성자의 음성이었다.

11. 그러나 그는 아가서(Song of Solomon)에서 가장 생생하게 묘사된 교회와의 이 결혼을 결심하셨다. 그리고 잠언(Proverbs)에서 로고스(logov), 말씀(the Word), 하나님의 아들이신 영원한 지혜가 사람의 아들들, 즉 그의 교회와 함께 하는 것이 그의 기쁨임을 말씀하신다.[59]

12. 특별히 그는 그의 이 뜻을 모든 것에 있어 우리와 같은 사람으로 되셨으나, 오직 죄는 없으신 가운데 우리의 육신을 취하실 때에 모두에게 분명히 알리셨다. 그리고 그는 친밀한 대화와, 우리들 가운데서 말씀하시고 사셨던 것에 의해 그 같은 것들을 확증하셨다. 우리와 친밀하게 이야기 하시고, 모두에게 항상 선을 행하시고, 어떤 사람도 경멸하거나 거절함이 없이, 심지어 헤롯당과 공회원들에게도, 그는 참된 회개와 믿음으로써 모두를 그에게 이끄셨고, 그 자신에게 그들을 통합(incorporate)

---

58) 호 2:19절.
59) 잠 8:31 "사람이 거처할 땅에서 즐거워하며 인자들을 기뻐하였었느니라"

하셨다.

13. 그러나 그가 교회의 구원을 위해 죽으시기까지 자발적으로 순종했을 때, 그리고 우리가 우리의 죄로부터 씻기도록, 그리고 새로운 피조물로 다시 중생하여 태어나도록 우리를 위해 그의 피를 흘리셨을 때에, 그가 하셨던 것 보다 얼마나 이것이 그의 뜻이라는 것을 더욱 분명하게, 그리고 더욱 생생하게 선언할 수 있었겠는가?

14. 왜냐하면 그는 공로(merited)를 세우시고 교회를 위해 죄의 용서와, 중생 그리고 교회가 그 자신과 한 몸을 이루는 목적을 위해 영원한 결혼을 획득하셨기 때문이며, 그의 영원하고 천상적인 나라에서 교회의 영원한 삶을 획득하셨기 때문이다. "나는 뜻한다"(I will)고 하시며 말씀하시시를, "나 있는 곳에, 나를 믿는 그들도 거기에 있을 것이"라고 하셨으니, 즉 "내 배우자가 될 사람은" 그리스도가 계신 곳에 함께 있을 것이다.

15. 성부께서 이 결혼에 관하여 소망하신 것을 그가 뜻한 이 뜻(This will)은 사도가 빌 2:6-8절의 "그는 근본 하나님의 본체시나 하나님과 동등됨을 취할 것으로 여기지 아니하시고 오히려 자기를 비어 종의 형체를 가져 사람들과 같이 되었고 사람의 모양으로 나타나셨매 자기를 낮추시고 죽기까지 복종하셨으니 곧 십자가에 죽으심이라."는 말씀에서 묘사하고 있는 바와 같이, 우리 안에 있는 같은 마음과 애정이 그리스도 예수 안에 있었던 것이다. 또한 엡 5:25-26절은 "그리스도께서 교

회를 사랑하시고 위하여 자신을 주심 같이 하라 이는 곧 물로 씻어 말씀으로 깨끗하게 하사"라고 묘사하고 있다.

16. 그는 또한 복음의 말씀(word)과 설교(preaching)에 의하여 그의 이 뜻을 매일 분명하게 하시고 성례에 의하여 우리에게 그것을 인(seal)치신다. 그러므로 우리는 그의 뜻(his will) 혹은 그의 동의, 실로 성자의 가장 자유로운 동의(most free consent)를 의심할 수 없다.

17. 그러나 성자의 이 뜻은 이중적(twofold)으로, 그의 신성에 대한 것이 하나이고 그의 인성에 대한 다른 것이 하나이다. 하지만 그들 양자(both)로서 그는 택자와의 그의 결혼을 뜻하셨고(willed) 뜻하신다(wills). 전자[그의 신성]로 그는 만물이 시작하기 전에서부터 그것을 뜻하셨고, 후자[그의 인성]로 때를 맞춰 그것을 뜻하셨으며, 그 뜻은 결코 변화되지 않았고, 그것은 하늘에서 몸과 더불어서 함께(together with) 있는 창조되고 유한한 영혼(created and finite soul)의 뜻이다.

18. 이제 배우자의 동의가 남아있다. 왜냐하면 만약 교회가, 심지어 모든 신실한 사람들이, 자유로이 이 결혼에 동의하지 않는다면, 그것은 굳건하고 안정되지를 못할 것이기 때문이다.

19. 아울러서 결혼은 (전에 나타낸 것같이) 한 남자와 한 여자 양당사자의 자유로운 동의 가운데서 체결되고 이루어지는 합법적인 결합(conjunction)이기 때문이다.

20. 그러므로 우리가 말하는 것은 이 결혼식이 모든 사람들이 그

자신의 믿음과 그 자신의 뜻에 의하여 우리가 그리스도를 우리의 신랑과 남편으로 인식하고 품는 것을 명하시고 권하시는 성부의 뜻에 동의할 때, 또한 사도들을 통해 우리가 그리스도와 한 몸을 이루어야 한다며 우리를 부르시고 자신에게 우리를 초청하시는 신랑의 뜻에 동의할 때에 그리스도와 체결된다는 것이다.

21. 왜냐하면 하나님의 아들이 호세아 2장에서 말씀하신 "내가 진실함으로 네게 장가들리라"[60]는 것이 확실하고도 영원하게 남아있기 때문이다. 그리고 요한복음 3장[61]에서, 세례 요한이 그리스도가 교회의 신랑이심을 보여준 후에, 그는 그리스도 안에서의 믿음을 주장했다. 믿음에 의해서 모든 사람은 그의 신랑으로서 그에게 실제로 결합되고 접붙여지며, 그들은 그와 영원히 살 것이다. 성자(the Son)를 믿는 그는 영생을 얻고 믿는 자는 하나님의 진노가 그에게 거하지 않는다. 사도는 말하기를 "나는 너를 그리스도에게 순결한 처녀로 나타나도록 한 남편에게 약혼시킨다."[62]고 했다. 그것이 어떻게 이뤄질까? 이는 다름 아닌 복음에 대한 믿음에 의해서다. 복음은 그리스도께서 우리에게 신랑이 되시도록, 우리 남편과 우리 구주가 되도록

---

60) 호 2:20절.
61) 요 3:29 "**신부를 취하는 자**는 신랑이나 서서 신랑의 음성을 듣는 친구가 크게 기뻐하나니 나는 이러한 기쁨이 충만하였노라"
62) 고후 11:2절.

자신을 제공한다.

22. 그러므로 이 동의는 그리스도와의 이 결혼의 진정한 체결(real contracting)을 위해 필요하다. 믿음에 의해 우리는 그와 한 몸(flesh)이 되고 그 원인을 그리스도는 믿음에 의해 우리 마음 안에 거하도록 도우신다. 에베소서 2장 참조.

23. 그러나 이 자유로운 동의와 뜻은 어디로부터 얻는가? 우리는 그것을 그리스도에게로 우리를 이끄시는 성부 자신으로부터 얻는다. 왜냐하면 그는 자신의 선하신 뜻과 기쁘심을 따라 우리 안에서 뜻하시고(to will) 행하시기(works) 때문으로, 성부께서는 또한 아담과 하와가 결혼하도록 함께 동의하게 하셨기 때문이다.

24. 그러나 이 동의는 성령에 의하여 어떤 의미에서 이미 중생하고 소생케 된 사람 안에서가 아니면 이뤄질 수가 없다.

25. 왜냐하면 선한 동의(good consent)는, 우리 주 그리스도께서 말씀하신 것같이 "악한 나무가 좋은 열매를 맺을 수 없"으며,[63] 악하고 타락하며 사악한 뜻으로부터 오는 것은 불가능하기 때문이다.

26. 그러므로 우리는 참된 믿음을 가진 사람들 안에서만 중생이 시작된다는 것을 고백할 필요가 있으니, 죽은 사람을 무슨 능력

---

63) 눅 6:43절 "못된 열매 맺는 좋은 나무가 없고 또 좋은 열매 맺는 못된 나무가 없느니라."

이 생명의 활동을 하도록 하겠는가? 반면에 그리스도를 믿는 것과 그의 영적 결혼에 동의하는 것은 생명의 활동(work of life)인 것이다.

27. 중생과 마음(heart)의 새롭게 함은, 본성의 질서에 따라(order of nature) 마치 아담과 하와가 먼저 창조되고 그들이 결혼을 통해 결합되기 전에 생령(living soul)이 부여된 것같이, 그리스도와의 이 결혼을 동의하는 믿음의 참된 동의를 그가 할 수 있기 전에, 성령에 의해 사람 안에서 먼저 시작된다고 앞서 말한바 있다.

28. 이 셋, 즉 성부 하나님의 뜻(will of God the Father)과, 신랑이신 그리스도의 뜻(will of Christ the bridegroom), 그리고 모든 신실한 사람의 자발적인 동의(voluntary consent)는 참으로 영적 결혼의 효과적 원인으로서 적절하다.

29. 그러나 도구적 원인(instrumental causes)은 자신을 신랑의 친구라 부르고 우리를 그 결혼에 초청한 세례 요한과 같은 그러한 복음의 사역자들(ministers)이며, 바울이 "내가 너희를 정결한 처녀로 한 남편인 그리스도께 드리려고 중매함이로다."(고후 11:2)라고 한 그러한 원인을 위하는 사도들 같은 사람이다.

30. 모든 사람은 그가 성부의 말씀에 따라 그리스도와 한 몸이 되리라는 성부의 뜻에 동의하는 것에 의해 그리스도를 참으로 믿는 것을 자신 안에서 느낄 때에 체결된 이 결혼에 대한 확실하

고 확신하는 증거를 자신 안에 갖는다.

31. 그러나 여기에 우리가 결혼해야 하는 사람의 인격에 대한 확실한 지식(certain knowledge)이, 이 결혼에서 요구된다는 것을 알아야 한다. 우리는 다른 사람 대신에 어떤 한 사람에게 결혼하지 못하도록, 그 인격에 대한 어떤 잘못이 있어서는 안 되기 때문이다.

32. 그러므로 모든 사람이 참된 그리스도(true Christ)임을 하나님의 말씀으로 확실하게 알지 못하는 사람에게는 동의하지 않고 진정한 그리스도에게만 확신을 가지고서 결혼하는 것에 동의하는 주의를 기울이는 것이 필요하다.

33. 성경은 우리에게 누가 성부께서 우리가 결혼의 끈으로 맺어지도록 하신 참된 그리스도인지를 가르친다. 그는 성부와 같은 본질(same essence)의 참된 하나님(true God)으로, 그리고 모든 것에 있어 우리와 닮으셨으나 죄는 없으신 참된 사람(true man)으로 묘사된다.

34. 반면에 성경은 어디서도 보이지 않는 몸(invisible body), 제한되지 않은 몸으로 이루어진 그리고 어디나 존재하는 그러한 그리스도[64]로 우리에게 선언하지 않으며, 고대 교회의 어느 곳에서도 그렇게 알려지지 않았고 그러한 것을 인정한 교회도 없

---

64) 영지주의(Gnosticism)와 말시온(Marcionism), Simon Magus, 그리고 Basilides와 같은 '가현설'(Docetism) 주의자들의 주장.

었다.

35. 그러므로 신실한 자들은 많은 사람이 상상하는 것처럼 보이지 않는 몸을 가진 것으로 알려진 그런 그리스도에게 자신들을 약혼시키지 않도록 주의하자. 그리고 우리는 성부께서 우리에게 말씀하심으로 보여주신바 "이는 내 사랑하는 아들이라."는 말씀과 같이 성경이 제시하는 그러한 그리스도에 만족하도록 하자. 오직 그 분만이 요한이 세례를 주고 성령이 비둘기의 모양으로 보이도록 임하셨던 분이시다.

36. 물론 성부께서는 보이지 않는 몸(body)을 가진 그런 그리스도를 우리에게 보이지 않으셨다. 또한 성령께서는 그런 사람에게 임하시지도(descend) 않았고, 그러한 어떤 사람이 요한에 의해 세례를 받지도 않았으며, 우리가 씻김을 받는 물과 피가 그런 몸 가운데서 나오지도 않았다.

37. 제롬(Jerome)은 (예루살렘의 주교, 요한에 대항하여) 팜마키우스(Pammachius)에게 편지하며 그러한 주장을 그의 부활 후에 그리스도의 몸이 보이지 않게 되었다고(made invisible) 말하는 이단 사이에 포함시켰다.

38. 그러므로 우리의 신랑이 그런 괴물이라고 하는 헛된 환상(vain fantasy)을 버리고, 성부와 동일한 본질[신적 본질]이시며 그의 어머니와 같은 본질[인간적 본질]이시고 모든 것에 있어서 우리와 같으시되 죄는 없으신 그리스도가 되시도록 하자.

형식적 원인에 대하여
(Of the formal cause)

———

영적 결혼에 있어 또한, 우리는 세 번째로 형식적 원인을 고려해야 한다. 즉 그리스도와 교회의 한 몸을 이루는 바로 그 결합(conjunction)이다.

그리고 이 전체 논문의 요점(point)과 논점(issue)으로 구성된 이 연합(union)에 관련하여, 우리는 이 네 가지를 고려해야 한다.

1. 첫째로, 연합한 것은 어떤 것인가. 몸(body)이 없이 오직 우리의 영이 그리스도의 영에 단지 연합한 것인가? 혹은 우리의 몸(flesh)이 그리스도의 몸과 연합한 것인가? 그리고 우리의 전 인격(whole person)이 그리스도의 전 인격과 연합한 것인가?

2. 둘째로, 만약 우리의 전 인격이 그리스도의 전 인격과 연합하고 결합했다면(united and joined), 그 때의 질문은, 만약 그리스도께서 신성과 인성의 양자로 이루어져 있다면, 우리가 먼저 결합되는 것은 신성 혹은 인성 중에 어떤 것인가 하는 것이다.

3. 셋째로, 이것은 어떠한 연합의 방식인가? 본질적(substantial)인 것인가 아니면 우발적(accidental)인 것인가 그리고 오직 상상(imagination) 속에서만 있는 것인가?

4. 넷째로, 만약 그것이 실제(real) 그리고 본질적 연합(substantial union)이라면, 그 때에 그것은 어떻게 일어나는가? 그리스도의 몸이 보이지 않게 내려오는가(descends invisibly)? 아니면 대기의 본질(substance of the air)이 그리스도의 몸으로 변화되기에 그래서 대기를 받아들임으로, 우리는 몸(flesh)을 받는 것인가? 아니면 그리스도의 몸(flesh)이 대기 안에 실제로 있기 때문에, 신실한 자들에게 연합(united)하는가? 혹, 다른 의미는 무엇인가?[65]

---

65) 이러한 문구들은 나중에 성찬에 있어서의 그리스도와 관련하여 다시 한 번 상세히 언급된다.

첫째 의문에 관하여,
이것이 우리의 해답이 되게 하자
(Touching the first doubt,
let this be our determination)

첫째 질문에 대한 해설
(The explication of the first question)

———

1. 우리의 영혼(soul)이 혼자서 그리스도의 영에 홀로 결합된 (joined) 것이 아니고, 우리의 몸이 혼자서 그리스도의 몸과 홀로 결합된 것도 아니지만, 모든 신실한 사람들의 전 인격이 (whole person) 참으로 그리스도의 전 인격과 결합된다. 이 영적인 결혼의 끈에 의하여 그에게 밀접하게 결속(coupled)되고 결합된다.

2. 첫째 이유는 아담과 하와의 결혼으로부터 취해진 것이다. 아담의 전 인격은 하와의 전 인격과 결속되었다. 그러므로 그리스도의 전 인격은 모든 신실한 자들의 전 인격과 결합된다.

왜냐하면 그 육신적 결혼(carnal marriage)은 이 영적 결혼 (spiritual marriage)의 예표(type)와 신비이기 때문으로, 그것이 말하는 것은 그들 사이에서 육신적으로(carnally) 행해진 것이 그리스도와 교회 사이의 영적인 것이기도 하다는 것이다.

3. 사도는 이것에 대해 명백히 가르쳐 말한바, "그들은 둘이 한 몸이 될지라"[66]는 말씀은 그리스도와 교회 간의 영적 결혼에 대한 신비를 고려한(respects) 것이며 그리스도와 교회에 대하여 이해한 것이다.(엡 5:32)

그러나 "둘"이라는 단어는 두 인격들(two persons), 두 사람(two men)을 의미한다. 그리스도는 한 사람이요 한 인격(one man and one person)이고 여러 신실한 사람(every faithful man)은 다른 한 인격(another person)이며 에베소서 2장에서 사도가 명백히 가르치고, 온 교회는 (내가 전에 보여줬던 것처럼) 성경에서 한 인격(one person) 그리고 한 사람(on man)으로 쓰였다. 그러므로 이 영적 결혼에서 모든 신실한 사람들의 전 인격(whole person), 즉 그의 혼(soul)과 그의 몸(flesh)은 그리스도의 전 인격(whole person)과 결합되어, 그와 한 몸(one flesh), 한 사람(one man)을 이룬다.

---

66) 엡 5:31절.

4. 게다가 창세기에서 말한 것이, 바울에 의해 인용되어서 "남자가 부모를 떠나…그의 아내와 연합하"라고 했다. 그러나 한 사람(a man)이 오직 한 영혼(a soul)이거나 오직 한 몸인 것이 아니라, 양자가 함께(both together), 아내도 홀로 한 몸으로 구성되지 않고 또한 한 영혼으로 구성되지 않으며, 양자가 함께 구성된다. 그리고 사도는 이 영적 결혼에서, 남편의 이름으로 그리스도를 이해하고, 아내의 이름으로 교회와 그 안의 여러 신자들(faithful man)을 이해한다. 그러므로 진정한 결혼이 되기 위해서는, 신실한 자들의 전 인격이 그리스도의 전 인격과 하나로 함께 결합(joined)하고 모아져야(gathered) 할 필요가 있다.

5. 이것이 그가 사람이 되었을 때 그리스도 자신이 가르친 것이니, 말하자면 하나님의 아들의 전 인격이 전인(whole man), 즉 육체만도 아니고(not flesh alone) 영혼만(soul alone)도 아닌, 그러나 양자가 함께(both together), 전 인성을 그 자신과의 연합으로 취하였기 때문이다. 그러므로 그가 모든 신자들과 연합하였을 때, 전체(whole)가 전체에(to the whole) 연합되었으니, 전 그리스도(whole Christ)가 전 신자(whole faithful man)에게 연합된 것이다.

6. 그리스도께서는 남편이기 때문에, 사도는 또한 그를 교회의 머리와 구주로 부르며, 그리고 그는 자신의 몸에서와 같이 교회 안으로 생명과 구원을 이끄시되 교회의 모든 지체들에게로 이끄신다. 하지만 그리스도께서는 오직 그의 신성을 따라서는 교회의

머리요 구주시나, 오직 그의 인간의 영과 몸을 따라서는 아니시며, 그러나 그의 신격(Godhead), 그의 영과 몸의, 전 그리스도는 우리의 머리와 구주시다. 그리스도에 의해 구원받는 것은 신자들의 영혼만이 아니며 몸만도 아니고 양자가 함께, 즉 전 신자들(whole faithful man)이다. 그리고 어떤 사람도 그리스도와 함께 연합하고 결합하지 않으면 구원의 참여자가 되지 못한다. 그러므로 이 영적 결혼에 있어서, 전 그리스도는 전 사람(whole man)과 맺어진다.[67]

7. 주되고 주요한 질문은 신격과의 연합에 대한 것이 아니라 그리스도의 몸과 우리의 몸의 연합에 대한 것이기 때문에, 특히 우리가 세상에 있는 동안, 우리의 몸이 여기 땅에 있는 동안 그리고 그리스도의 몸이 하늘에 있는 동안, 그리스도의 몸과 우리의 몸의 연합에 대한 특별한 증거들(peculiar testimonies)을 더할 것이다. 그러므로 이것이 이들 증거들을 포함하는 여섯째 논증이 되도록 하자.

---

67) 이처럼 구분됨이 없는 구별의 형식은, 삼위일체에 있어 각 위격이 혼합되어 하나로 되지 않으면서 각 위격이 분명하게 구별되는, 그러면서도 각 위격이 구분되지 않고 한 하나님으로 계시다고 하는 니케아 신조 등의 정통 신조들에서 고백하고 있는 방식과 동일한 맥락인 것을 알 수 있다. 그러므로 삼위일체 하나님의 속성과 그의 사역 또한 분리됨이 없음을 알 수가 있다.

그리스도의 몸과 우리의 몸과의 연합
(The union of our flesh with the flesh of Christ)

─────────

에베소서 5장에서 사도는 "우리는 그 몸의 지체임이니라"(30절) 다시 말해, "그리스도의 몸의, 그의 뼈 중에 뼈요, 살 중에 살"이라고 말한다. 바로 이것이 우리가 그리스도와 갖는 그 결합(conjunction)에 대해 말하는 것이다. 또다시 "누구든지 제 육체를 미워하지 않고 오직 그 같이 양육하여 보호한다."(29절) 그리고 이를 그는 그의 교회를 향한 그리스도에 대한 것으로 이해하는데, 그는 자신의 육체와 같이 양육한다. 또한 "둘이 한 몸을 이룰지니라"(31절)고 말한 곳에서 교회가 그리스도와 갖는 연합(union) 때문에, 그는 그것을 그리스도와 교회에 대한 것으로 해석한다(32절). 그러므로 사도는 우리가, 영혼(soul)뿐 아니라, 또한 몸(flesh)으로 그리스도의 신격 혹은 영뿐 아니라 비록 하늘(heave)에 있기는 하지만 몸과도 연합된다는 의미로 이해한 것이다. 그는 내가 말했듯이, 우리가 참으로 그와 한 몸이 되도록 연합한다는 것을 의미한 것이다. 그는 많은 곳에서 우리가 그리스도와 한 몸이라는 것을 말하면서, 몸의 명칭(name)을 반복하고 가르치며, 아울러 머리로부터 생명(life)이 지체들에게로 흘러나가는 인간의 몸에 대하여 말한다. 고전 6;15절에서 그는 말하기를 "너희 몸이 그리스도의 지체인 줄을 알지 못하느냐 내가 그리스도의 지체를 가지고 창기의 지체를 만들겠느냐?"고 했으며, 요 6:53에서는 "인자의 살을 먹지 아니하면 너희 속에 생명이 없느니라."고 말했다. 이들 그리고 그러한 다른 증거들은 분명한 증거들로서 그리스도와 갖는 우리의 연합이 영혼과 영혼에 대한 것일 뿐 아니라, 신격과 몸에 대하여서 만이 아니라, 그리스도의 몸과 우리의 몸에 대한 연합이라는 것을 선언하니, 보이지 않으며 측량할 수 없고, 어떤 확실한 장소에 제한되지도 않는 보이지 않으며 무한한 몸(infinite flesh)과의 연합은 아닌 것으로, 오히려 그것은 이단이 고안하고 상상한 것일 뿐이다. 왜냐하면 보이며, 유한하고 제한적인 우리의 육체와 보이지 않는 육체 사이의 닮음과 조화(likeness and proportion)가 없을 때, 우리가 어떻게 이러한 것과 한 육체와 한 몸이 될 수 있겠는가? 그러므로 우리는 이러한 상상의 (imaginary) 육체로 그리스도와 한 몸을 이루지 않으며, 그러한 것으로 우리의 육체가 결합되지 않으며, 다만 하늘에 있는 것과 본질과 본성(substance and nature)에 있어 우리와 완전히 같은 그 몸과 함께 한 몸이 되는 것이다.

8. 교부들도 같은 교리를 가르쳤으니, 모든 것에 대한 증거를 인용하는 것은 불필요하다. 그들이 내가 말했듯이, 특히 우리 구주 그리스도의 말씀, 요 6:53절에서 "인자의 살을 먹지 아니하면 너희 속에 생명이 없느니라."고 한 것 가운데서 전부 성경과 일

치하는 것이 명백하기 때문이다. "내 살을 먹는 자는 내 안에 거하고 나는 그 안에 거한다."[68] 마찬가지로 고전 10:16절의 "우리가 떼는 떡은 그리스도의 몸에 참예함이 아니냐"라고 하는 사도의 말은, 그 것에 의해 우리가 주의 몸과 더불어 교제와 사귐으로 받아들여지고, 우리는 그와 함께 하나로 성장한다는 것이다. 그러므로 모든 교부들은 한결같이, 이단들의 보이지 않는 것으로 가장된(feigned) 것이 아니라 모든 것에 있어서 우리와 같으시되 죄는 없으신, 주의 만찬(Supper of the Lord)에서 참으로 우리에게 주어지는 바로 그 참된 육체에 대해 가르친다. 그의 육체는, 우리가 아무리 크다 하더라도 그의 살 중에 살이요 뼈 중에 뼈로 만들어진, 전 그리스도와 하나로써 성장하기 위해 먹는 것이다. 그러므로 그러한 것들 가운데 하나 혹은 둘의 증거를 듣는 것으로 충분할 것이다.

9. 씨릴(Cyrillus Alexandrinus, St)은 요한복음에 대한 책 제10권 13장에서 그리스도는 그의 몸의 교통에 의해(communication of his flesh) 우리 안에 거하시고 우리는 그의 지체들이라고, 또한 그의 살(flesh)을 먹는 것에 대하여 그리스도 자신이 이르신 말씀들(words)로부터 분명하게 기록하기를, "내 살을 먹고 내 피를 마시는 자는 내 안에 거하고 나도 그 안에 거하나니"[69]

---

68) 요 6:56절.
69) 요 6:54절.

그리고 그는 덧붙여서 "그(거기)에 의해"라고 하여 이르기를, "우리는 그리스도가 사랑으로 말미암는 모방(imitation)에 의해 그리고 비유(similitude) 혹은 닮음(likeness)에 의해서 뿐만 아니라, 심지어 자연적인 분여(participation)[70]에 의해서, 우리 안에 거하신다는 것을 생각해야 한다."고 했다. 따라서 그는 이르기를 "그가 '자연적인 분여'에 의해 의미하고자 하는 것은 무엇인가?"라고 묻는데, 그것은 어떤 자연적 수단들에 의한 분여가 아니라 그리스도와 한 육체(flesh)와 한 몸(body)을 진정으로 이루는 그리스도의 자연적 육체의 진정한 분여를 의미한다. 그러므로 "자연적"이라는 단어는 거기에서 수단들을 의미하는 것이 아니라, 분여한 것 즉 그리스도의 자연적 살(flesh)을 말하는 것이다. 그리고 그리스도의 보이지 않는 육체에 대한 환상은 축출된다. 그는 이것을 더욱 분명히 하나의 직유(similitude) 혹은 비교(comparison)에 의해 보여주었다. "불에 녹은 밀랍을 마찬가지로 녹아있는 밀랍과 섞는 것처럼 그래서 하나의 것으로 만들어지고, 마치 한 덩이처럼 되듯이, 그리스도의 몸과 피의 교통에 의해, 그리스도 자신은 우리 안에 우리는 그 안에 거하게 된다." 이것이 씨릴이 말한 것들이다.

---

70) 우리말의 의미에서 분여라는 말은 "각각의 몫에 따라 나누어 줌"을 의미한다.

10. 한 비유가 (그들이 말하는 것처럼) 굳건한 것만은 아니다. 그것
이 모든 요점을 담는 것은 아니다. 우리의 몸이나 그리스도의
몸은 그들이 함께 결합되어 있는 것이 분해되거나 녹는 것은
아니라는 것이 확실하기 때문이다. 그러므로 밀랍이 밀랍과 결
합(united)되는 것 같이 그리스도의 몸이 우리의 몸에 그렇게
연합(united)되어지는 방법에 의해 어떤 자연적인 작용[71]이 있
다고 어떤 자들과 같이 상상하거나 생각할 이유가 없다. 왜냐
하면 씨릴은 평이한 말로 이 장에서 가르칠 뿐 아니라 다른 곳
에서도 항상 이 연합은 믿음에 의해 이루어진다고 가르쳤다.
우리가 요한복음 6장에서 배우듯이 그리고 에베소서 3장에서
사도가 표현했듯이, "그리스도는 믿음으로 우리 마음에 거하신
다."[72] 이제 그리스도가 우리 안에 계시고 그가 우리 안에 사심
을 말하는 것이나 그리스도가 우리 마음에 거하신다고 말하는
것이 모두 하나인 것이다. 그리고 사도는 그가 믿음으로 거하
신다는 것을 가르쳤다. 그러므로 모든 자연적인 작용은 완전히
제외된다.

11. 또한 우리는 밀랍의 비유에 의하여 만약 밀랍이 밀랍에 현존하
는 것같이 그리스도의 몸이 육체적으로 그리고 실제로 현존하
지 않는다면 우리의 몸에 연합될 수 없는 것처럼 그리스도의

---

71) 완전한 융합(Convergence)의 어떤 작용.
72) 엡 3:17절.

몸의 어떠한 육체적 현존을 상상하지는 않는다. 이 현존
(presence)은 씨릴이 다른 교부들과 더불어서, 어디에서나 반
대하고 부정했으며, 그리스도의 몸(혹은 그의 몸 안에서 그리
스도)은 하늘에 있고 하늘에 거하시고 그가 하늘에 계신 것과
같은 존재의 방식으로는 땅에 없다고 가르쳤다.

12. 마찬가지로 씨릴이 요한복음에 대한 그의 책 2권 21장에서, 요
한복음 17장의 그리스도의 말씀("내가 세상에서 그들과 함께
있는 동안 내가 당신의 이름으로 그들을 지켰고, 이제 내가 당
신께 갑니다." 즉 성부께서 하늘에 거한다고 말하고 있기 때문
에 하늘로 간다)을 해석하면서 기록하기를, "제자들은 그리스
도의 부재라고 생각했으나, 나는 그가 한 사람이었던 것을 의
미하며(하나님은 어디나 계시므로) 그들에게 많은 불편함의 원
인이 되었을 것으로 생각한다. 그가 부재하시므로 그는 그들을
모든 악에서 구원할 것이기는 하지만 후에 세상의 빛이 될 그
들이, 그리스도의 몸만이 아니라 비록 우리가 볼 수 없고, 우리
의 눈으로 바라 볼 수 없지만, 그럼에도 불구하고 큰 능력으로
현존하시는, 또한 거기에 어떤 것도 감출 수 없고, 모든 장소에
충만하시고 그 뜻하는 모든 것들을 행하시는, 그의 신성을 숙
고하고 바라보게 할 필요가 있었다. 왜냐하면 신성은 어떤 한
장소 내에 한정되고 제한되지 않기 때문이다."라고 했다. 이는
인성이 존재하는 그러한 양태로서, 그가 이미 말했던 것과 같
다. 그는 덧붙이기를, "그리스도는 참으로 하나님과 사람

(truly God and man)이므로, 그들은 많은 것을 생각하고 이해해야 하며, 그의 신격의 말할 수 없고 경이로운 능력 안에서 그는 비록 그의 몸으로 부재할지라도 항상 그들과 함께 계실 것이다. 왜냐하면 그 자신이 전에 말한 '거룩하신 아버지, 당신이 내게 주신 그들을 당신의 이름으로 지키소서'[73]라고 하는 말은 분명히 그의 몸의 현존에 의해서가 아니라 그의 신격의 수단에 의해 그들이 보존되고 지켜지는 것을 의미하기 때문이다."라고 했다. 이 모든 것이 씨릴이 뒤따르는 그의 논증의 나머지들에서 더욱 분명하게 말하는 것들이다. 이것을 생략하지 않도록 말한 곳에서 그는, "하나님께 합당한 것들은 무엇이든, 본질적으로 하나님이 아닌 다른 것에 의해 수행 될 수 없다."고 했다. 그의 말들은 이것으로서, "만일 본질적으로 하나님이 아니시라면 어떤 것도 하나님의 사역에 합당한, 그러한 일들을 할 수 없기 때문"이라는 것이다. 이제 그 자신의 실체 안에서 어디서나 현존하는 것은 오직 하나님에게 합당하지 않겠는가?

13. 또한 22장을 읽으면 그는 그리스도께서 사람으로서는 우리들로부터 부재하시지만, 하나님으로서는 우리와 함께 하시고 모든 곳들에 충만하다고 하는 이 요점을 강조한다. 이 모든 것에

---

73) 요 17:11절 "나는 세상에 있지 아니하오나 그들은 세상에 있사옵고 나는 아버지께로 가옵나니 **거룩하신 아버지여 내게 주신 아버지의 이름으로 그들을 보전하사** 우리와 같이 그들로 하나가 되게 하옵소서"

의하여 씨릴이, 밀랍의 비유에 의해 그리고 자연적인 분여에 의해, 그리스도의 몸이 우리와 연합(united)된다고 가르치는 것을, 그리고 어떤 육체적인 그리고 유형의 임재에 의해 혹은 보이든지 보이지 않든지 육체적인 작용(carnal touching)에 의하여 전달됨을 의미하지 않는다는 것은 매우 명백하다. 그가 모든 곳에서 이것은 영적 임재(spiritual presence)에 의해 그리고 영적 교통에 의해, 즉 그리스도께서 말씀하신, "누군가 나를 만졌다."는 영적 작용(spiritual touching)에 대한 믿음에 의해 행해진다는 것을 가르치기 때문이다.

14. 밀랍의 비유에서 그리스도의 무슨 의미가 나타나는가? 밀랍은 단지 밀랍과 잘 혼합된다는 것 외에 아무 것도 의미하지 않으며, 둘이 한 덩어리의 밀랍 혹은 한 개를 만드는 것뿐이다. 그래서 우리는 참으로 그리고 실로 그리스도 그 자신과 합해지며 (incorporated) 진실로 우리의 몸이 그리스도의 몸으로 합해진다. 그래서 그에 따라 둘이 오직 한 몸(one flesh)이 된다. 사도는 "그들이 둘이 한 몸이 될지라"는 말씀을 그리스도와 교회 사이의 결혼에 대한 것으로 해석한다. 그러므로 씨릴의 그 말들은 연합의 방식(manner of the union)으로 왜곡되지 말아야 하고,[74] 그것들을 우리는 연합되는 것들에 대한 것으로,

---

74) 로마 가톨릭의 화체설(transubstantiation)에 의한 연합의 이해나, 루터파의 공재설(co-existentialism)에 의한 연합의 이해와 같은 것들이 바로 연합의 방식으로 오해된 예일 것이다.

그리고 우리의 몸과 그리스도의 몸, 아니 우리가 전적으로 (wholly) 전 그리스도(whole Christ)와 더불어 진실로 함께 연합되는 것으로 이해해야 한다.

15. 그러나 그 방식은 영적이다. 왜냐하면 이 연합과 결합은 우리가 뒤에 보게 될 것같이 그리스도의 영과 당신들 믿음에 의해 이루어지기 때문이다. 그리고 그것은 (우리가 말한대로) 10권 13장에서 씨릴의 의도와 경향에 의해 분명하고 명백해진다. 왜냐하면 우리들이 그 가지인 포도나무의 명칭에 의해서는 그리스도의 신적 존재(deity)만이 이해되어야 하며, 그러므로 우리는 그리스도의 참된 몸에 접붙여지지 않고 오직 그의 신격으로 접붙여진다고 말하는 사람들에 대항하여 기록했기 때문이다. 그에 대항하여 씨릴은 우리가 그럼에도 불구하고 비록 그리스도께서 하늘에서 우리로부터 부재하실지라도, 참으로 실제로 그리스도의 참된 몸에 접붙여지고 합해지는(incorporated) 것을 보여주었다. 아울러 그는 이것을 그리스도께서 우리에게 그 자신의 참된 몸(flesh)을 먹도록 주시고 "내 살을 먹는 자는 내 안에 거한다."고 말씀하시는, 주의 만찬의 신비에 의해 증거한다. 그러나 어떻게 그의 살을 먹는가? 요한복음 6장에서 그리스도께서 가르치시듯이 믿음에 의해서다.[75] 왜냐하

---

75) 특별히 요 6:35절에서 예수 그리스도께서는 이르시기를 "나는 생명의 떡이니 내게 오는 자는 결코 주리지 아니할 터이요 **나를 믿는 자는 영원히 목마르지 아니하리라**"고 말씀하셨다.

면 그를 먹는 방식과 그가 우리 안에 거하시는 방식 사이에 차이를 만들지 않기 때문이다. 그가 우리를 먹으므로 그는 우리 안에 거하시는 것이다.

16. 힐라리(Hilarius, 300-368)도 삼위일체에 대한 그의 여덟 번째 책 시작부분에서 조금 내려온 곳에서 성부와 성자가 본성과 본질의 연합에 의하여 어떻게 하나이신지를 보여주면서 같은 교리를 가르친다. 또한 거기서 그는 신실한 자들이 그리스도 안에서 하나였으며 하나로서의 그 연합은 믿음에 의해 되는 것이지만, 그럼에도 불구하고 우리의 자연적인 몸이 그리스도의 자연적인 몸과 연합하는 것이기 때문에, 그것은 자연적이라고 가르친다. 따라서 그는 141쪽에서 주의 만찬으로부터 이러한 말들로서 "우리가 우리 안에 있는 그리스도의 자연적 진실성에 대하여 우리가 무엇을 말하는지를 우리가 알지 못한다면 우리는 어리석고 사악하게 말한 것"이라고 결론짓는다. 그리스도께서는 친히 말씀하시기를 "내 살은 참된 양식이요 내 피는 참된 음료로다. 내 살을 먹고 내 피를 마시는 자는 내 안에 거하고 나도 그 안에 거하나니"[76]라고 하셨으니, 그리스도의 말씀에 따르지 않고 그리스도의 몸과 인격적 연합에 대하여 논쟁하는 사람들은 이 말씀을 주목하도록 하자. 이제 그의 살과 피의 참

---

76) 요 6:55-56절.

됨에 대한 어떤 의구심도 남지 않으니, 그리스도 자신의 증거에 따라 그리고 우리가 확실히 믿는 바에 따라, 그것은 참된 살(flesh indeed)이며 참된 피(blood indeed)이기 때문이다. 그리고 우리에게 전달되고 취하여진 이것이(this being) 우리를 그리스도 안에 그리고 그리스도를 우리 안에 있게 만든다.[77] 이것이 진실이 아닌가? 그들은 예수 그리스도가 진정한 하나님이심을 부정하는 사람은 진실하지 않다는 것을 발견하게 될 것이다. 그러므로 그는 그의 몸으로 우리 안에 거하신다. 그리고 우리는 그 안에 있고, 그는 하나님 안에 있고, 그 자신과 더불어서 우리들도 하나님 안에 있는 것이다.

17. 조금 뒤에 그는 우리가 그리스도와 갖는 이 연합을 자연석이라 부르며, 또한 그것을 입증하여 이르기를 "이 연합이 우리 안에서 자연적이라는 것은 그 자신이 이 방식 안에서 증언하는 것이니, 내 살과 내 피를 먹는 그는 내 안에 거하고 나는 그 안에 거한다. 이는 오직 그리스도께서 친히 거하실 그 만이, 오직 그의 몸을 먹은 자로 여겨지고 취해지는 그의 몸을 가진 자이고, 누구든지 그 안에 있을 것이기 때문."이라고 했다.

---

77) 우리는 본능적으로 실체와 유사(모사)를 혼동하는 경향이 있다. 특별히 "참된 살"(flesh indeed)이라고 할 때에, 그 말은 성찬의 떡이 진정으로 우리 육체의 살과 같다는 것인가 하는 관점에서가 아니라, 우리 육체의 살이 표상하는 진정한 가치가 바로 성찬의 떡으로 예표되는 그리스도의 살이라는 관점으로 이해해야만 하는 것이다. 그러므로 요 6:35절에서 언급하는 "생명의 떡"은 믿음으로서 비로소 분별되는 양식이다.

그러므로 우리의 참되고 자연적인 몸(flesh)이 참되고 자연적인 그리스도의 몸(flesh)과 우리가 말하는 이 영적 결혼에서 연합되었다는 (joined) 것이 힐라리에 의해서도 분명하게 드러난다.

18. 레오 1세(Leo I)는 기록하기를 "그의 몸의 분여가 이 일을 하기 때문에, 우리가 먹는 것으로 우리는 변화하는데, 그것은, 우리의 몸(flesh)을 만드는 그의 몸으로(into his flesh)"라고 했으니, 이것이 그가 한 말이다. 그리스도께서는 참으로 우리의 참되고 자연적인 몸을 만드시므로, 우리는 그의 자연적인 몸으로 변화하고, 그의 자연적인 몸을 먹는다.

19. 그러나 우리는 어떻게 변화하는가? 우리 육체의 걸음으로? 혹은 이 몸이 그리스도의 몸으로 변화되는 것에 의해서인가? 믿음과 영으로써 뿐이다. 그런즉 우리의 육신의 입으로 그리스도의 몸을 먹는 것이 아니다. 그렇지만 우리가 그리스도의 몸을 먹는 동일한 방식을 따라, 우리는 변화되고 그 안에 들어가며 우리는 그 안에 거하고 그는 우리 안에 거한다. 왜냐하면 그리스도께서는 양자를(both) 함께 연결하시기 때문이며, "내 살을 먹는 자는 내 안에 거하고 나는 그 안에 거한다."[78]고 말씀하셨기 때문이다.

---

77) 요 6:56절.

20. 이제 이 모든 것을 요약하면, 우리가 그리스도의 참되고 자연적인 몸을 먹듯이, 우리는 그리스도의 참된 몸에 연합(united)된다. 그리고 다시 우리가 그리스도의 참되고 자연적인 몸에 연합되듯이, 우리들은 또한 그의 자연적인 몸을 먹는다. 이러한 것들은 모두 동일하고(equivalent) 하나이다.

21. 그러나 우리가 그리스도의 살(flesh)과 몸(body)에 연합되는(united) 때에, (씨릴에 의해, 혹은 에베소서에서 사도가 말하는 것처럼) 우리는 그와 한 몸(body)과 한 살(flesh)로 되는 것이다.

그러므로 가장 분명하고, 명백하며, 확실한 이 교리에 의해, 옛 이단자들의 이단설들과 많은 자들에 의해 다시금 새롭게 보이는 그리스도의 보이지 않는 몸에 관한 주장이나 무제한으로 모든 곳에 현존한다는 주장이 반박된다.

왜냐하면 (레오가 말하듯) 우리가 이 몸[79]으로 변화되지 않고, (씨릴뿐 아니라, 이전에 이미 사도가 말하듯이) 우리가 이 몸과 한 몸을 이루지 않으며, 게다가 우리는 그와 함께 한 몸을 이루지 않았고, 그리스도께서는 이것을 위격의 연합으로 처녀의 태에서 취하지 않으셨

77) 이단자들이 주장한바, 무제한으로 모든 곳에 현존한다는 그리스도의 보이지 않는 몸.

을 뿐 아니라, 이 몸이 우리를 위해 십자가에서 죽지 않았으며, 그러한 몸은 우리의 것과 같은 자연적 몸이 아니기 때문이다. 그러므로 성만찬에서 우리는 이것을 먹지 않으며, 게다가 우리가 그러한 몸과 한 몸으로 결합되거나 만들어지지도 않으나, (교부가 말한바와 같이) 하늘에 있는 그 자연적인 몸(natural flesh)과 결합하는 것이다.

22. 그 밖에, 우리는 생기 있고(lively) 소생케 하는(quickening) 몸으로서 외에는 연합하지 않는다. 이것이 우리가 왜 그것에 연합하는지의 목적으로서, 이에 의해 우리는 영원히 살도록 소성케 될 것이다. 그러나 그리스도의 몸은 그 자체로 소성케 하는 몸이 아니며 오직 위격의 연합으로 하나님의 아들 가운데로 취하여져야만 하는 것이다. 그리고 누가 감히 우리와 같은 유사(similitude)와 닮음(likeness)을 갖지 않는 그런 몸이 위격의 연합으로 하나님의 아들 가운데 취해졌다고 말하겠는가? 이것이 말씀이 참 사람이 되었다는 것을 부인하지 않는가?

첫째 장은 어떤 작은 무게와 중요성 가운데 있지 않으나, 그것은 우리가 그리스도와 우리의 연합에 관해 설명하기 위해 취해진 것이고, 그것이 이 영적 결혼의 형식적 원인(the formal cause)이다. 그러므로 우리는 성실하게 이 교리를 붙잡아야 하는 것이니, 이 거룩한 결혼 안에서 우리는 전적으로(are wholly) 전 그리스도(whole Christ)와 연합(incorporated)되고 연결(joined)되는 것이요, 의심 없이 우리의 영혼은 그리스도의 영(soul)과, 우리의 자연적 몸은 그리스도의 몸 (flesh)과 연결되며, 그러므로 [그리스도께서는] 모든 것에서 우리와 같으시되, 다만 죄는 빼고서다.

두 번째 질문에 대한 해설
(The explication of the second question)

————

두 번째 질문은 이것이다. 그리스도께서는 신성과 인성으로, 말씀과 육신으로 함께 이루어져 있으므로, 신자들은 신성(with the humane) 혹은 인성(with the divine nature) 어떤 것에 먼저 연결되는 것인가?

이 질문은 이유가 설명되지 않은 것이 아니다. (씨릴이 말한 것처럼) 어떤 사람들은 가지가 포도나무에 붙어있듯이 그리스도의 인성에 우리가 연결된다는 것을 부인하며, 우리는 오직 그의 신성에 접붙여진다는 것을 확언하고 변호하지만, 그들 사이에서 그리스도의 전 인격(whole person)과 연결된다고 달리 인정하여 고백하는 것을 볼 수 있다. 거기에는 우리가 먼저 신성과 연결되고 후에 인성으로 연결된다거나 혹은 먼저 말씀에 연결되고 뒤에 육신에 연결된다는 생각과 같은 것을 원하지 않았다. 그리고 이것은 그들이(그들이 가졌던 다른 이유들 외에) 말씀이 우리에게 하늘에 있는 육신보다 더 가까우며, 그것이 모든 곳에 있음을 보기 때문이라고 상상했던 것이다. 그러나 이러한 것은 이유가 되지 않는다. 만약 이 연합이 어떤 자연적인 방법에 의해 이루어졌다면, 그것은 어떠한 능력을 가졌을 것이다. 그러나 (우리가 뒤에 주장할 것과 같이) 그것은 성령과 믿음에 의해 된 것이다. 성령께서는 우리 가까이에 있는 것들처럼 멀리 떨어진 것들을 우리와 연합시키실 뿐 아니라 믿음에 있어서도 부재한 것을 현존하는 것으로 선사하시는데, 거기에는 장애가 없으며, 다만 그것은 우리가 그리스도의 몸에 연결되게(joined) 할 뿐 아니라 말씀(the Word)에도 연결되도록 하는 것이다. 그러므로 우리는 하나님께서 성경 안에서 그리스도를 우리에게 제시하시는(propounds) 것과 우리가 그를 깨닫는 양쪽의 어떠한 질서(order) 가운데서, 그리고 우리 마음과 귀결에 따라서 우리의 몸이 말씀(the word) 혹은 몸(the flesh) 중에 어떤 것에 먼저 결합되는지를 생각해야만 한다.

이것이 우리의 결정이다
(Let this be our determination)

———

1. 신자들은 먼저 그리스도의 몸(flesh)에 의해 결합되며, 후에 그는 육신에 의해 말씀 자체에(to the word itself) 혹은 신격에 (to the Godhead) 결합된다.

2. 그 근거는 지식으로부터 취해진 것이다. 그것은 지식과 마음의 이해함과 마찬가지로, 자발적인 연합함과 결합함(uniting and coupling)이다. 왜냐하면 의지는 지식을 따르고 그 만큼(so far forth)을 택하며, 어떤 것을 의지하고 포용하며 거기에서 그것을 충분히 이해하고 아는 만큼 바로 거기에 연합한다. 왜냐하면 그것은 항상 알려지지 않은 것이 아니라 알려진 것을 기대하기 때문이다. 그러나 우리는 먼저 행하며, 그가 사람인 것같이, 더욱이 그가 하나님이신 것같이 하나님의 말씀 안에서 제시된 그리스도를 이해하고 안다. 그러므로 본성의 일정한 질서(order) 안에서 그리고 이성의 행동과 믿음의 어떤 질서 안에서, 우리는 먼저 그리스도의 몸에 연합되고, 그것에 의해 그의 신성에 연합되며, 그래서 그의 전 위격(whole person)에 연합되는 것이다.

3. 나는 성경(holy Scriptures) 가운데서 이 근거의 두 번째 부분을 쉽게 입증할 수 있으니, 우리는 먼저 행하고 곧이어 하나님의 말씀(word of God) 안에 제시된 그리스도를 사람이며 하나님으로서 이해하고 안다.

왜냐하면 태초에 하나님께서 한 구속자(a Redeemer)를 약속하셨을 때, 창세기 3장의 "그녀의 후손" 즉 여자의 후손은, "네 머리를 상하게 할 것"(15절)이라는 말씀 가운데서 사람으로, 즉 여자의 후손으로서 즉시 그를 약속하고 제시하셨기 때문이다. 그는 아브라함에게 "그 씨 안에서 민족들이 복을 받을 것이라"[80]고 약속하셨다. 그래서 모세는 말하기를 "그들의 형제 가운데 한 선지자를 세울 것"[81]이라고 했다. 그리고 성자 스스로가 그 자신을 즉시 인간 육신의 형태 안에서 조상들에게 보이셨다. 그리고 후에 자신을 주의 천사(Angel of the Lord)로, 심지어 주(Lord)로 밝히셨다. 그래서 그는 먼저 사람으로서, 다윗의 후손으로서, 나중에는 여호와로서, 주와 하나님으로서 선지자들에 의해 약속되고 제시되었다.

이사야 7장에서 선지자는 먼저 "보라"고 한 뒤에 말하기를 "처녀가 잉태하여 아들을 낳을 것"[82]이라고, 그리고 다시 덧붙이기를 "그 이름

---

80) 창 12:3절.
81) 신 18:18절.
82) 사 7:14절.

을 임마누엘이라 하리라"고, 마찬가지로 예레미야가 렘 23장에서 "보라 때가 이르리니 내가 다윗에게 한 의로운 가지를 일으킬 것이라"[83]고 했으며, 후에 "그 이름은 여호와 우리의 의라 일컬음을 받으리라"(6절)고 했다.

모든 선지자들을 둘러보라 그러면 당신은 그리스도가 항상 이 같은 순서로 그들에게 선포된 것을 볼 것이다. 또한 마찬가지로 선지자들에 의해 교회에 선포된 것을 보게 될 것이다.

복음서 저자인 마태도 같은 것을 행했다. 왜냐하면 그는 먼저 사람으로서, 그리고 아브라함과 다윗의 후손으로 그리스도를 선포하기 때문이다. 곧이어 그는 이사야의 예언을 인용하면서 그를 임마누엘이라 부르고, 또한 그것을 "하나님이 우리와 함께 하신다"[84]로 번역한다. 같은 것이 사람으로서 그리스도의 전 가계(whole genealogy)를 성실히 묘사한 마가와 누가에 의해 행해졌다. 그리고 뒤에는 기적들과 다른 논증들(arguments)에 의해 그가 완전한 하나님이심을 보여준다.

4. 만일 당신이 요한은 그리스도의 신성으로서(Godhead) 말하기를 "태초에 말씀이 계시니라"[85]고 시작한 것을 반대한다면, 곧

---

83) 렘 23:5절.
84) 마 1:23절.
85) 요 1:1절.

그의 인간됨을 말하며 덧붙이는 "말씀이 육신이 되어"(14절)라고 하는 응답이 준비되어 있으니, 그는 이 목적을 위해 그것을 기록했다. 다른 복음서 저자들은 (선지자들에 의해 약속된 메시야, 다윗의 아들이라는 것을 보여주기 위해) 그의 신성보다는 그의 인성을 묘사하기에 진력했기 때문이다. 그러므로 요한은, 그리스도의 인성에 대하여 충분히 기록한 다른 복음저자들에 만족하며, 그의 참되고 영원한 신격(Godhead)을 먼저 보여주면서, 한 마디로 그의 성육신을 포괄했다. 그러나 그가 그리스도에 대한 지식을 말할 때, 그는 그 자신과 다른 사람들 모두를 먼저 사람으로서 알고, 그리고 나중에는 하나님으로서 알고 있음을 보여주는데, 그래서 그는 "우리 사이에 거하셨다." 즉 사람으로서 "우리가 그의 영광을 보니"라고 한 것임을 보는 것이니, 우리는 그것을 기적들과 다른 증거들과 효과들에 의해 아는 것이다.

그리고 그의 서신에서, 그는 같은 것들을 말하여 가르치기를, "생명의 말씀에 관하여는 우리가 들은 바요 눈으로 본 바요 주목하고 우리 손으로 만진 바"[86]라고 했다. 그러므로 그들은 먼저 그를 사람으로서 뒤에 하나님으로서 알았다.

---

86) 요일 1:1절.

사도는 로마서 1장에서 그 같은 질서(order)를 유지하면서 이것이 그의 아들에 관하여 하나님께서 약속하셨던 하나님의 복음을 가르치기 위해 그가 구별되었다고 말하면서 가르쳤던 복음이라고 했다. 그렇다면 이는 어떤 아들인가? 먼저 그는 말하기를, "육신으로는 다윗의 혈통에서 나셨고"[87] (보라, 사람으로서의 그리스도를) "그러나 성결의 영으로는 하나님의 아들로 인정되셨으니"(4절) (보라, 하나님으로서의 그리스도를)라고 했다. 그리고 사람이 되신 그리스도께서는 자신이 사람임을 선언하셨고 후에 하나님의 독생자 그리고 하나님이심을 선언했음이 분명하다. 그래서 사도는 디모데전서 3장에서 "그는 육신으로 나타난바 되시고"(16절)라고 말한다. 즉 먼저 그는 자신을 육신(참 사람으로)으로 선언하셨고, 후에 육신에 의해(by the flesh) 그리고 육신 안에서(in the flesh) 그는 자신을 하나님으로 선언하셨다. 그러므로 그는 덧붙여서 "영으로 의롭다 하심을 입으시고"라고 했다.

5. 그러므로 조상들, 선지자들, 그리스도 자신과 복음전도자들과 사도들의 성경에서 그리스도에 대한 약속, 묘사, 선포, 드러냄에 있어 이 질서(order)가 지켜졌다는 것 외에 다른 의심이 여지가 없다. 먼저 인성에 대한 지식이 나가고 다음에 그의 신성에 대한 지식이 따른다. 그리고 만약 우리가 그리스도를 알고 그가

---

87) 롬 1:3절.

성경에서 알려지도록 선포된 것처럼 같은 순서(order)로서 우리 마음이 그를 이해한다면, 그리스도가 모든 신실한 자들에게, 먼저 사람으로(as man) 그 후에 하나님으로서(as God) 알려진다는 것은 아주 분명한 것이다. 그러므로 우리는 먼저 믿음에 의하여 그의 몸으로 연합되고, 그리고 육신에 의하여 우리가 이해한 그의 신격으로 연합된다.

6. 어떤 사람도 중보자(mediator)에 의하지 않고서는 하나님께 연합될 수 없다. 그리고 비록 그리스도께서 사람의 아들 그리고 참사람으로서 뿐만 아니라 하나님의 아들, 참 하나님의 참 하나님(true God of true God)으로서 중보자이시지만, 그의 위격의 연합으로 취하여진 그의 인성, 그것에 의해 중보자가 되시고, 그것 안에서 중보자의 주된 의무를 이행하셨으며, 그중에서 그 자신이 우리의 중보자(Mediator)이심을 선언하셨다.

7. 그러므로 이 주되고 주요한 부분(chief and principal part)을 위하여서 사도는 "하나님과 사람 사이에 중보도 한 분이시니 곧 사람이신 그리스도 예수라"[88]고 말했다. 그 곳에서 그는 그리스도를 중보자, 뛰어난 특질로서의 "사람"으로 부른다. 왜냐하면 그의 인간적 육신 안에서(in his human flesh) 그는 중보자의 의무를 수행하셨기 때문이다.

---

88) 딤전 2:5절.

8. 그러므로 우리가 중보자에 의해서(by a Mediator) 밖에는 하나님께 연합되지 않는 것같이, 우리는 중보자의 의무를 수행하신 그의 육신에 의해서(by his flesh) 밖에는 그리스도의 신성에 연합되지 못한다.

9. "내가 곧 길이요……나로 말미암지 않고는 아버지께로 올 자가 없느니라."[89] 이러한 말씀들이 여기에 속한다. 또 빌립이 "아버지를 우리에게 보여 주옵소서"(8절)라고 말함에 대하여, 그는 "나를 본 자는 아버지를 보았거늘"(9절)이라고 대답한다. 그는 성부의 전 본성과 선하심(whole nature and goodness)이 그 자체로 빛나며 보여주는 거울 안에서처럼, 그 사람 안에서 하나님의 신적인 위격(divine person of God)의 연합으로 취하여진 인성(human nature) 때문에, 그는 사람(man)으로서 자신에 대해 말했다.

10. 그러므로 우리는 그의 육신에 의해서가 아니면, 성부의 신격(the Godhead)과 하나요 동일한, 그리스도의 신격으로 들어갈 수 없다.

11. 그리고 (앞서 보여주었듯이) 누구도 그의 육신에 의해 그리고 중보자 그리스도에 의해서 외에는 하나님께 올라가지 못하고 하나님과 연합되지도 않는다. 그리고 하나님께서는 또한 그 같은 중보자에 의해서와 그의 육신에 의해서 외에는 어떤 것도

---

89) 요 14:6절.

우리와 나누지 않으시는데, 그 이유는 그의 육신 안에서 우리의 구속(redemption)이 성취되고, 죄가 파괴되며, 마귀가 정복되고, 죽음이 극복되며, 영생을 얻기 때문이다.

12. 비록 우리의 모든 구원(whole salvation)과 생명이 그리스도 안에서 신성의 충만함에 의존하지만, 그것은 육신 안에서(in the flesh) 그리고 그리스도의 육신에 의해서(by the flesh) 외에는 우리에게 전달되지 않는다. 그러므로 그리스도께서 말씀하시기를 "인자의 살을 먹지 아니하면 너희 속에 생명이 없느니라"[90]고, 또한 "내 살을 먹는 자는 내 안에 거하고 나도 그 안에 거하나니."[91]라고 하셨다.

13. 왜냐하면 신격은 샘(fountain)으로써 모든 선한 것들이 거기서부터 나오고, 생명과 구원이 거기서부터 흘러나온다. 그러나 그의 육신(his flesh)과 그의 인간성(his humanity)은 이 모든 선한 것들과 모든 은혜가 우리에게 도출되고 이끌어지는 통로(channel)다.

14. 만약 사람이 이 통로를 이해하여 지니고 있지 않고 거기로 연합되어 있지 않다면, 그는 어떻게 해도 그 샘으로부터 솟아나고 흘러나오는 물의 참여자가 될 수가 없다.

15. 사도가 말한 로마서 5장의 "한 사람으로 말미암아 죄가 세상에

---

90) 요 6:53절.
91) 요 6:56절.

들어오고…한 사람으로 말미암아 의가 많은 사람에게 넘쳤으리라.”(12-19절)는 말씀이 여기에 속한다.

16. 사도가 말하듯이, 그 의는 하나님의 의다. 그 의는 그의 의이고 참 하나님이신 그로부터 유래하기 때문이다. 그러나 사람이신 그에 의해서 그리고 그의 육신에 의해서 외에는 신실한 자들에게 전달되지 않는다. 그런즉 이것은 사도가 고전 15:21에서 “사망이 사람으로 말미암았으니 죽은 자의 부활도 사람으로 말미암는도다.” 또한 “내 살은 참 양식이라.”[92]고 말한 것에 속한다. 마찬가지로 다른 구절들도 그와 같이 “그는 우리를 모든 죄로부터 씻기셨다.”[93] 그리고 “그는 우리를 그의 피로 씻기셨다.”(7절)고 말한다.

17. 확실히 아담의 타락한 육신에 의해, 죄와 사망이 모두에게 번졌고, 또한 그리스도의 육신에 의해 거룩하여지며 위격의 연합(unity of the person)에 분리함이 없이 영원한 신성으로 연합되었고, 의와 생명이 우리에게 전달되었다.

18. 하나님께서 늘 그의 신탁들(oracles)을 주지는 않으셨고, 백성의 기도를 늘 들으시지는 않으며, 언약궤 외에도 그 보이는 궤에 의해서, 아울러 그 보이는 시은좌(Mercy-seat)에 의해서가 아니고서는 그의 은혜를 전달하지 않으셨다. 그러나 궤 안

---

92) 요 6:55절.
93) 요일 1:9절.

에 신비들은 감춰져 있었다.

19. 그리스도의 육체는 신성의 모든 충만이 육신적으로(corpo really) 거하는 언약궤이며, 그것에 의해 그리고 그것으로부터 모든 하늘의 좋은 것들이 우리에게 전달되고 주어진다.

20. 그러므로 보이는 궤 앞으로 나오고 거기서 하나님의 은혜를 기다리며 소망하는 것이 백성의 의무였던 것과 같이, 누구라도 하나님의 은혜를 위해서는, 보이는 사람으로 선 그리스도에게로 나오는 것 외에, 그리고 믿음으로 그의 보이는 몸을 먹고 그에게로 동일하게 연합되는 것 외에는 다른 소망이 없는 것이다.

21. 그러므로 사람이 그리스도의 인간성(humanity) 그리고 그의 몸에 연합되지 않으면, 그리스도의 신성(Godhead)에 연합될 수 없다는 것은 낮(the daylight)보다도 더욱 분명하다. 왜냐하면 그리스도의 몸은 신격의 매개(the instrument of the Godhead)이지만, 오직 위격의 연합으로 분리함이 없이 취하여지고 결합된 매개이다.

22. 이 모든 교리는 성례(Sacraments)에서 매우 생동감 있게 보이는데, 이는 마치 가장 깨끗하게 보이는 유리잔 안에서와 같은 것이다.

23. 모든 성례에는 두 가지가 있으니, 그것은 보이는 표(sign)와 보이지 않는 은혜로서, 땅엣 것과 하늘의 것이다. 믿음을 이끄는 사람은 양자(both)를 받는다.

24. 그러나 어떠한 질서에서인가? 그들이 하나님의 것으로 제시되는 것과 같다. 표지(sign)에 의해 우리는 그 표명된 것을 받고 땅엣 것(earthly thing)에 의해 우리는 하나님께서 전자로 제공하시는 후자의 것으로서 하늘의 것(heavenly thing)을 받는다.

25. 그러므로 천상적 섭리의 어떠한 질서에 의해, 먼저 표지가 주어지고 그 뒤에 표지 안에서 그리고 표지에 의해서 표명된 것(by the sign the thing signified)을 받으며, 그래서 당신은 먼저 그리스도의 보이는 육신에 연합되어야만 하고 그것에 의해 나중에 당신이 그의 은혜의 참여자가 된다면 그의 신성에 연합된다. 요한복음 6장의 "내 살을 먹는 자는 내 안에 거하고…."(56절) 또 "인자의 살을 먹지 않으면….".(53절)이라는 말씀처럼.

26. 이것에 의해 그리스도의 보이지 않는 몸에 대한 망령됨은 거절된다. 사람이 그 자신 안에 생명을 갖기를 원한다면, 그는 위격의 연합으로 취해진 육신, 그리스도의 육신(flesh)을 꼭 먹어야 한다. 왜냐하면 어떤 것도 생명을 줄 수 없기 때문일 뿐 아니라, 이것은 또한 다른 어떤 수단에 의해서도 생명을 줄 수 없으며, 하나님의 위격의 연합으로 취해지는 것까지도 할 수 없다. 그러나 모든 곳에 현존하고, 어떤 확실한 장소에 한정되거나 제한되지 않는, 보이지 않는 육체는, 그리스도가 우리와 모든 것에 있어서 같되 죄는 없으신 참 사람이 되지 않는 것이기

때문에, 위격의 연합으로 취하여지지 않는다. 그러므로 그것은 생명을 주는 소성케 하는 몸이 아니고, 우리는 그로 연합되지 않는다. 그러나 우리는 이 가상의 그리고 보이지 않는 육체를 포기해야 하고 그것에 여지를 주지 않아야 하며 우리는 오직 모든 하늘의 보화, 구원, 생명을 우리에게 전달하시는 그리스도의 참되며 보이는 육체에 연합되도록(united) 하자.

이 교리의 소용은 지대하니, 그 소용은 이것이다. 믿음과 신실함의 실천에서 우리는 우리 마음의 눈을 즉시 그리고 무엇보다 예수 그리스도의 인간적 몸(하나님의 영광이 빛나는 가장 거룩한 장소인, 지성소의 입구인 장막)을 주목하며, 들어간 후에는 그의 신성을 바라보기 위해서 지성소(Sancta Sanctorum)로 향한다.

셋째 질문
(The third question)

이것은 어떤 방식의 연합인가
(What manner of union this is)

———

이 질문은 전자에 의존하며 두 종류의 사람들에 반하여(against) 제시된다. 첫째로, 이것이 참으로 실제의 연합이 아니라 우리가 마음으로 상상한 것이며 우리의 상상으로 다른 것과 본질을, 그 같은 것을 우리의 이해로 표현하는 것처럼 그러한 유사성에 의해(by such resemblances) 이해하는 것까지도 어떤 마음의 견해밖에 다른 것은 아니기 때문에, 그리고 그들이 참으로 실제로 우리에게 연합되기 때문이 아니므로, 단지 상상으로 있는 연합이라고 생각하는 사람들에 반해서다. 둘째 부류의 사람은 그리스도의 몸의 본질(substance of the flesh)을 전달함이 없이 그리스도의 영적 은혜와 은사에 대한 참여에 의해 만들어지는 것 외에는 참되고 실제적 연합(true and real union)이 아니라는 사람들로써, 마치 우리가 불 혹은 태양과 더불어 그 열기에 동참함에 의해 연합된다고 말하는 것과 같은 것이다. 이 양자

(both)의 견해에 반대하여, 제기된 질문에 대한 우리의 결론은 이것이다.

1. 그리스도와 우리 그리고 우리와 그리스도의 연합은 본질적이고 실체적(essential and substantial)이다. 그것은 참되고 실제적인(true and real) 연합이다.

2. 그것은 실체적(substantial)으로, 왜냐하면 그리스도의 육체 그리고 우리의 육체의, 그리스도의 인격 그리고 우리의 인격들의 바로 그 본질이 연합되기 때문이며, 우리가 단지 그리스도의 본질(substance)의 참여자가 되는 것 외에는 그러한 것들의 참여자라고 할 수 없으므로, 단지 그리스도로부터 오는 열매에 대한 참여자이기 때문인 것은 아니다.[94]

3. 나는 우리가 상상으로가 아니라 참으로, 그리고 실제로 그리스도와 연합되기 때문에 그리고 더욱 더 한 몸으로 우리가 연합되기 때문에, 어떤 자연적 수단에 의해서가 아니라, 나중에 보이게 될 것들과 같이 영적이고 초자연적인(spiritual and supernatural) 수단에 의해 연합되는 것이기 때문에, 참되고 실제적인 연합이라 부른다.

4. 이 모든 것은 "그들은 둘이 한 몸이 될지라."[95]는 말씀에 따라 사

---

94) 그리스도와 연합하는 것은, 그리스도로부터 오는 열매에 참여하는 것이 아니라 그리스도의 본질에 참여하는 것이라는 말.

95) 창 2:24, 마 19:5.

도가 사용한 육적 결혼의 비유에 의해서도 명백하고 분명하다. 분명히 남자와 아내의 연합은 두 인격이 연합되는 것이기 때문에 실체적이다. 그리고 그들은 항상 하나의 참된 몸으로 연합되고 실로 한 몸이기 때문에 참되고 실제적(true and real)이다. 그것이 어떻게 가능한가? 그것은 바로 하나님의 규례에 의해 그들이 엮어지고 함께 결합되는 결혼의 끈(means of the marriage)에 의해서다.

5. (육적 결혼의) 비유 가운데서 우리는 또한 이것을 추측하니, 비록 그리스도의 몸이 하늘에 있는데 반해 우리의 몸은 땅위 여기 있지만, 그러나 이 공간적인 거리는 그의 몸과 우리의 몸의 참되고 실제적인 연결을 방해하지 않는다는 것이다. 마치 비록 남편이 멀리 시장에 있고 아내는 집에 있을지라도, 그 공간적 거리는 그들이 한 몸으로 아직도 연결된 것과 한 몸으로 있는 것을 방해하지 않는 것과 같은 것이다.

6. 둘째로, 사도는 같은 장과 다른 곳에서 자주 사용하곤 하는 또다른 비유에 의해 이 본질적이고 참되며 실제적인 연합을 더욱 분명하게 선언하고 가르치는데, 그 비유는 머리(head)와 지체들(members)에 대한 것이다. 사도는 이르기를 그리스도는 교회의 머리이며, 우리는 그의 몸이요 지체로서, 이제 머리와 지체 그리고 한 쪽과 다른 쪽의 연합은 실체적(substantial)이고 참(true)되며 실제(real)로서의 연합(union)이다.

7. 그것(그러한 비유)에 의해 우리는 그리스도의 바로 그 몸의 참되

고 실제로서의 참여 없이는 아마도 그의 은사와 은혜에 대한, 그리고 그리스도의 죽음과 고난에 대한 참여자가 될 수 없다는 것을 이해하게 된다. 왜냐하면 머리로부터 떨어진 지체는 그 때부터 움직임, 생명, 활력과 양육(nourishment)을 받을 수 없기 때문이다.

8. 셋째로, 같은 것이 산 터(living foundation) 그리고 그 터 위에 세워진 산 돌(living stones)의 비유에 의해 확인되는데, 참되고 실제로서의 본질적 결합을 위해 그들은 주 안에서 거룩한 전(holy temple)으로 성장하기까지 터와 함께 증가(increases)한다.

9. 그런즉 그리스도께서 자신을 종종 그의 교회를 세우는 터(the foundation)라고 부르는 관계를 또한 갖는다.

10. 넷째로, 그리스도께서는 이 실제적 결합(conjunction)과 통합(incorporation)을 포도나무와 가지의 비유로 생동감 있게 표현하여 나타내셨다. 그리스도께서는 요 15:4-5절에서 "나는 포도나무요 너희는 가지니. 가지가 포도나무에 붙어 있지 아니하면 절로 과실을 맺을 수 없음 같이 너희도 내 안에 있지 아니하면 그러하리라."라고 말씀하셨다. 우리가 참으로 그리고 실제로 그리스도 안에 접붙여지는 이 비유 말고 무엇이 더 분명하고 명백하겠는가?

11. 사도가 로마서에서 감람나무와 가지에 대해 쓴 것도 바로 이에 속한다.

12. 같은 교리가 그리스도께서 요한복음 6장에서 "내 살을 먹는 자는…"(56절)이라고 그의 살을 먹고 그의 피를 마시는 것에 대해 하신 말씀으로 이 연합을 표현한 것에 의해 역시 확인된다. 같은 것을 먹고 마시는 자들에게로 양식과 음료가 실제로, 또한 실체적으로(substantially) 연합되지 않겠는가? 그렇다. 참으로 먹는 양식과 그 양식을 먹는 자의 본질은 한 본체(one substance)를 이룬다. 어떤 양식과 음료도 그들이 실제로 먹고 마시는 그에게 그들의 본질에 연합되지 않는다고 한다면 생명을 줄 수는 없는 것이다.

13. 이에 대해 씨릴과 다른 교부들은 그리스도께서는 우리 안에 육체적으로(corporeally) 그리고 자연적으로(naturally) 거한다고 말한다. 조금 전에 나타낸바 그 말들은, 비록 어떤 자연적이고 육체적인 방식으로 그가 우리 안에 거할지라도 그리스도께서 우리 안에 거하시는 방식에 대하여서가 아니라, 우리가 그에게로 연합되는 것에 대한 것으로 이해해야 한다. 왜냐하면 우리는 그리스도의 참되고 자연적인 몸(true and natural body)으로 연합되며, 참되고 실제적인 연합(true and real union)에 의해 연합되기 때문이지만, 그것은 성령과 믿음에 의하여 연합되는 것이기 때문이기도 하다.

14. 교부들의 취지와 목적은 바로 이것을 세우고 가르치기 위한 것이었다. 우리는, 많은 사람이 신실한 것같이, 그리스도의 신성(Godhead)에, 그의 의지의 동의에 의해서와 (이단자들이 단

언하듯이) 어떤 유사(similitude)와 닮음(likeness)에 의해 연합될 뿐인 것이 아니라, 그의 자연적인 육체와 몸으로 연합되고 그것에 의해 우리의 육체가 영생으로 양육되는 것이다.

15. 왜냐하면 이단자들은 그의 부활 후에는 우리 구속의 비밀은 이미 완성되었고 거기서 이루어졌기 때문에 그리스도의 육체가 이제 더 이상 필연적이거나 혹은 필요하지도 않다고 말하기 때문이다. 그러므로 [이단자들은] 그리스도의 육체는 더 이상 우리에게 유익하지 않으므로, 없어졌거나 혹은 신성(Godhead)으로 변했다고 한다.

16. 반면, 씨릴과 다른 교부들은, 그리스도의 육체의 용도는 영원하고 이것은 그들이 요한복음 6장의 "너희가 인자의 살을 먹지 않으면, 너희 속에 생명이 없느니라."(53절)는 그리스도의 말씀에 의해 분명하게 입증했음을 나타내주었다.

17. 그러므로 그리스도께서는 아직도 그의 자연적인 몸(flesh)을 보유하시고 덕(virtue)과 효력(efficacy), 그리고 그의 뼈 중에 뼈요 살 중에 살로 우리가 만들어지는 것에 의해 그의 거룩함을 우리에게 전달함에 의하여 우리의 육신에 형상(image)을 찍고 계시며, 또한 그리스도께서는 성령에 의해 우리의 육신을 그의 육신에 접붙이고 그의 육신으로 우리의 육신을 소성케 하신다. 그리고 또한 성부께서는 우리에게 그리스도의 육신에 의하여 우리와 교통하는 것 외에 구원에 관한 어떤 것도 우리에게 전하지 않으셨으니, 이것들은 주님의 만찬의 비밀에 의해

증명되었다.

18. 빵이 진실로 그리고 참으로 그 같은 것을 먹는 우리에게 연합 되듯이, 그리스도의 육신도 또한 참으로 그리고 실로 그 같은 것을 먹는 우리에게 연합된다.

19. 그러나 거기에는 방식에 있어 큰 차이들(odds)과 상이함들 (differences)이 있다. 왜냐하면 육체의 양식은 육체의 입으로 먹고 육체적인 수단으로 우리에게 연합하기 때문인데, 그러나 우리들은 영적으로 영적인 양식(meat)을 (다시 말해 그리스도 의 참된 몸을) 먹고 우리에게 통합시키며(incorporate) 그리고 믿음과 성령에 의해서 우리는 거기로 연합된다(united). 교부 들은 이와 같이 가르쳤다.

20. 그러므로 나는 그러한 장소들과 성경의 비유 그리고 교부들의 증거에 의해, 그리스도와 우리의 연합은 본질적(essential)이 고 실체적(substantial)이며 참되고(true) 실제적(real)이며, 이에 의해 우리가 그리스도와 진정으로 한 몸을 이룬다고 본 다. 왜냐하면 신랑이신 그리스도와 신부인 교회가 한 몸을 이 루기 때문이다.

21. 보이지도 느낄 수도 없는 그리스도의 몸에 대한 보이지 않고 감각되지 않는(impalpable) 맹목적인 상상은 또 다시 반박된 다. 왜냐하면 교회는 하늘에 있는 자연적인 몸과 함께의 이 몸 (flesh)이 아니면 한 몸(body)이 되지 않기 때문이다. 남편은 그의 아내에게 굳게 결합하고 그들은 둘이 한 몸이 되어야 한

다. 즉 그의 자연적인 몸 안에서 그리스도는 교회에게 그리고 모든 신실한 사람들의 몸에 결합되고, 그리하여 이 결혼의 미덕(virtue)에 의해, 둘이 한 몸이 된다. 그러므로 만일 그 본질에 있어 그들이 한 몸이라면 신부의 육신이 그녀의 신랑의 몸을 닮지 않을 수가 없는 것이다.[96)]

22. 반면에 우리 몸과 그 상상의 보이지 않는 몸[97)] 사이에 어떤 닮음(likeness)이 있을 수 있겠는가?

23. 그러므로 이에 의해, 그리스도와 우리의 연합은 또한 실체적(substantial)이고 실제(real)적이며, 우리가 이 보이지 않는 몸과는 연합하지도 연합할 수도 없음이 명백하게 입증되며, 그러나 오직 본성(nature)과 실체(substance)에 있어 우리와 닮은 것과 연합되고 연합할 수 있으니, 거룩함과 의에 있어 스스로를 그것과 닮게 한다.

---

96) 여기서 닮는다는 말은, 교회가 그리스도를 닮는다는 말이자 그리스도가 교회의 닮음이라는 말이다. 그러므로 교회는 참된 믿음의 근거 가운데서 비로소 그리스도를 깨달으며 나타낼 수가 있는 것이다.

97) 이단자들이 주장하는 그리스도의 몸

이 연합이 이루어지는 넷째와
마지막 방식에 대하여
(now follows the fourth and last,
of the manner how this union is made)

이 연합은 세례와 주의 만찬 안에서의 복음에 대한 설교에서 이루어지기 때문에, 이 질문에 대해서는 다양한 대답들이 있다. 나는 모든 사람들이 오직 믿음으로 복음을 설교할 때에 효과적인 믿음이 이루어진다고 고백하며, 또한 그것이 세례에서 이루어지는 방식에 대해서는 어떤 큰 논쟁(great controversy)은 없지만, 그러나 그리스도의 육신에 우리가 연합되는 방식에 대해서와 그리스도의 몸이 주의 만찬에서 우리에게 연합되는 방식에 대하여서는 그리스도를 고백하는 사람들 사이에 얼마나 큰 쟁론(great contention)이 있었는지를 모르는 사람은 아무도 없다.[98]

교황주의자들(Papists)은 우리가 믿음에 의해 연합된다는 것 외에,

---

98) 교회사에서의 성만찬 논쟁을 말한다.

또한 빵의 본질(substance)이 그리스도의 몸의 본질(substance of the body)로 바뀌기 때문에 육체적이고(bodily) 매우 자연적인 방식(manner)으로 우리가 연합되고, 그래서 마치 빵과 포도주의 우유성(accidents)이 입으로 전해지고 배로 전달되는 것같이, 또한 그들과 더불어 함께(together with them) 그리스도의 몸의 바로 그 참된 본질이 육체의 입으로 전해진다고 한다.[99]

루터파들(Lutherans)도 역시 그 같은 방식으로 받는다고 가르치는데, 왜냐하면 비록 그들이 화체설을 승인하지는 않지만, 공재설(consubstantiation)을 옹호하기 때문이다. 그러므로 그들은 항상 그것이 육체의 입으로 받아들여지는 것으로 밖에는 가르칠 수 없으며, 그러므로 이 연합은 물질적으로, 즉 육체적인 방식으로 이루어진다고 가르칠 수밖에 없다. 그들은 다른 논증들에 의해서 이것을 확증하려 노력하지만, 교부들의 어떤 말들(그러나 마치 전에 내가 말했던 씨릴의 요한복음에 대한 말들에서처럼, 다른 교부들의 판단과 의견, 즉 그리스도는 그의 자연적인 몸으로 그리고 자연적인 참여에 의해 우리 안에 거한다는, 왜곡되고 잘못 이해된 것으로)로써 노력한다. 그렇다. 또한 그리스도 편재론자들(Ubiquitarians)은[100] 항상, 그리스도의 몸

---

99) 화체설(transubstantation).
100) 승귀한 그리스도의 인성이 그리스도의 신성과 하나로 연합하는 것을 근거로, 승천 이후로 그리스도의 인성이 편재할 수 있다고 설명한 루터의 입장을 지지하는 견해들.

이 모든 곳에 현존한다고 하는 주장과 같은 것에 의해 그들의 편재론(ubiquity)을 세우고 입증하고자 하는 사람들이다. 그러나 그들이 얼마나 어리석게 오용했는가는 자신들의 구절들 자체로도 분명하고 명백하게 나타난다.

첫째로, 모든 교부들이 그리스도께서는 그의 육신을 따라 우리 안에 거하시는 것이 아니지만, 그의 신성을 따라, 즉 어떤 육신적이고 육체적인 임재에 의해서가 아니라 그의 신성의 임재(presence his godhead)에 의해, 우리 안에 거하신다고 지속적으로 분명하게 가르치기 때문이다. 또한 "그가 사람인 것에 의해 그는 오직 하늘에 계시고, 그가 하나님인 것에 의해 그는 세상 끝까지 여기 땅위에 우리와 함께 하신다." 그리고 항상 그리스도의 몸의 부재(absence)에 대해 그들은 그의 영(spirit)과 신성의 임재를 대립시킨다. 그러나 교부들의 저작을 읽는 자들은 누구나 그들 안에서 이것을 발견할 것이다. 그러므로 교부들은 결코 그리스도의 몸이 지상에서 자연적으로 그리고 육체적으로, 즉 어떤 자연적이고 육신적인 수단에 의해 우리에게 연합된다는 의미를 말하지 않았다.

둘째로, 그리스도와 우리의 자연적 연합에 대한 그들의 말을 확인하기 위해 교부들이 사용한 성경 구절들은 교부들이 말한 것의 의미를 분명하게 가르친다. 그 구절들은 요한복음 6장의 "내 살을 먹는 자는…"(54절)이라고 하는 것에서 그리스도께서 명백히 믿음에 의한 수단에 대해 말씀하셨으나 육신적이고 육체적인 먹음에 대해서는 비난한 것을 볼 수 있다. 다른 구절은 요한복음 15장의 "나는 포도나무요…"(1절)라는 것으로, 거기서 마찬가지로 그는 믿음에 의한 수단에 관해 말씀하셨다. 또한 우리가 그리스도와 함께 하는 친교와 교제(communion and fellowship)에 대한 한 구절이, 고린도전서 10장에 있다.[101] 거기에서 사도는 우리들이 우리의 머리이신 그리스도와 갖는 교회의 전 몸(whole body)과 그 같은 교제와 친교를 갖는다고 가르친다. 그것은 우리가 또 다른 육신적인 방식(a bodily manner) 가운데서 연합하지 않는다는 것이 분명하고 확실하다.

셋째로, 교부들이 그리스도는 우리에게 연합하고 우리는 주의 만찬에서와 같이 세례에서도 그와 연합된다고 가르치기 때문에 동일한 것이 분명하다.

그리고 그것은 이 연합이 육신적인 방식으로 이루어지지 않는다는 것임이 분명하다.

마지막으로, 교부들이 그들에 대항하여 이렇게 쓴 것들에 의해서도 매우 명백한데, 왜냐하면 그들은 그리스도의 육신이 우리에게 더 이

---

101) 특히 17절의 "떡이 하나요 많은 우리가 한 몸이니 이는 우리가 다 한 떡에 참여함이라."는 말씀에서 "하나"라는 표현을 단순히 'one'으로가 아니라 'whole'로써 독특하게 설명하고 있다.

상 유익하거나 필요하지 않기 때문에, 그러므로 우리가 다만 그의 신성과 결합되며 거기서 오로지 그가 우리 안에 거하는 것이라고 그들은 주장하지만, 정작 교부들은 그리스도의 부활 이후에 그리스도의 육신[혹은 인성]은 사라지거나 혹은 신성으로 받아들여졌다고 주장하는 편재론자(Eutychians)에 대항하여 글을 쓴 것이고, 그리스도께서 믿음으로 이해되고 받아들여진다고 가르치는 사람들에 대항하여 글을 쓴 것은 아니기 때문이다. 다른 한편 교부들은 그리스도께서 아직도 그의 육신(flesh)을 유지하시고 우리는 그리로 연합되며 그리스도는 그것으로써 성령과 믿음의 끈에 의해 우리 안에 거하신다는 것을 가르쳤으며, 그렇지 않으면, 전 그리스도(whole Christ)께서 우리 안에 거하신다(에베소서 3장).

그런즉 그들이 그리스도께서 우리 안에 자연적으로 그리고 육체적으로 거하신다고 말했으므로 그것은 어떤 방식(manner)이 아니라고 이해해야만 하며, 그러나 그 자신의 자연적이고 참된 몸(natural and true body)으로 그리스도께서 우리 안에 받아들여지고 거하시는 것이다.

이것을 그 질문에 대한
우리의 결정으로 여기자
(Let this therefore be our determination
to the question)

————

1. 우리의 몸과 영혼(soul)이 그리스도의 육신과 (그리스도와 한 몸으로) 연합되고(united) 결합하는(joined) 그 연합은 성령에 의해서(by the Holy Ghost)그리고 믿음에 의해서(by faith) 이루어진다.

2. 이것에 대해 우리가 상기해야할 참되고 바른 이해는 결혼의 유효적 원인(the efficeint cause)에 대해서 전에 말했던 그것이다. 왜냐하면 우리는 결혼이 양 당사자의 동의에 의해 합당하게 체결된다는 것을 보았고, 또한 결혼이 둘이 한 몸을 이루는 남자와 여자의 바로 그 결합(conjunction)이라는 것을 보았기 때문이다. 그리스도께서는 우리에게 그의 동의(consent)를 우리 마음에 그의 영(spirit)을 부으심에 의해 유효하게 드러내셨다. 이 영에 의해 그는 그가 의지하시고(willing) 우리의 남편으로 머리와 보존자로 그의 아버지의 뜻에 동의하심을 우리가 느끼고

이해하도록 하셨기 때문이다. [102]

3. 우리는 우리 안에서 성령에 의해 일어나는, 믿음에 의해 그리스
도와의 이 결혼에 동의한다.

4. 그리고 그는 그의 영의 교통에 의해서 그 자신을 우리에게 연합
시키고(unites), 우리는 믿음에 의해서 그에게 연합된다
(joined). 그러므로 내가 말한, 이 연합(union)은 (그리스도의
측에서는) 영에 의해서(by the spirit) 그리고 (우리 측면에서
는) 믿음에 의해서(by faith) 이루어지는 연합이다. [103]

5. 성령에 대해, 요한은 그의 첫 서신 4장에서 "그의 성령을 우리
에게 주시므로 우리가 그 안에 거하고 그가 우리 안에 거하시는
줄을 아느니라."(13절)고 말한다. 그러므로 그의 영에 의해 그
리스도께서 자신을 우리에게 결합하시고 우리에게 은밀히 들어
오시며, 같은 성령과 그 성령의 명백한 효력들에 의해, 우리는
그가 우리 안에 계시고 우리를 그 자신과의 교제와 친교로 이끄
시는 것을 안다. 그리고 로마서 8장은 "그리스도의 영이 없으면
그리스도의 사람이 아니라."(9절)고 했다. 그러므로 우리는 (우

---

102) 여기서 잔키우스는 그리스도의 영에 의한 동의를 설명하여, 우리의 동의가 주체적
인 것이 아니라, 그리스도의 영(spirit)의 부으심으로 말미암아 "우리의 남편으로
머리와 보존자로 그의 아버지의 뜻에 동의"하시는 그리스도에 대해 충분히 느끼고
이해함으로 유효하게 되는 의미에서의 원인인 것을 날카롭게 규명한다.

103) 그리스도의 영과 우리의 믿음에 의해서이나, 우리의 믿음은 오직 그리스도의 영으
로 말미암는 이해와 동의라는 점에서 결코 그 원인에 있어 독립적이거나 주체적이
지 않은 것이다.

리의 남편) 그리스도의 지체가 되고 영에 의해 그의 살 중에 살이 되며, 그것에 의해 그는 자신을 우리에게 우리를 그에게 연합(incorporates)하신다.

6. 믿음에 대하여 사도는, 에베소서 3장에서 "믿음으로 말미암아 그리스도께서 너희 마음에 계시게 하옵시고."(17절)라고 한다. 그러므로 믿음에 의해서 그가 우리의 마음에 받아들여지고 우리는 그에게 연합된다. 그런즉 요한복음 6장은 "내 살을 먹고 내 피를 마시는 자는 내 안에 거하고 나도 그 안에 거하나니"(56절)라고 했다. 그러나 그리스도께서 같은 구절에서 그것을 해설하시기를, "나를 믿는 자는 결코 목마르지 않을 것이라."고 하셨듯이, 믿음에 의해 그를 먹고 마실 수 있다. 그러므로 우리는 믿음에 의해 그리스도에 연합(united)되는 것이다.

7. 그러므로 그가 말씀 안에서 혹은 세례에서 혹은 성만찬에서 우리에게 제시되며, 그리스도는 항상 우리에게 연합되고 우리는 그에게 그의 영에 의해 그리고 우리의 믿음으로 연합된다.

8. 세례에 대해 사도는 "한 성령에 의해 우리는 모두 한 몸으로 세례를 받는다."(고전 12:13)고 말했다. 그러므로 세례 안에서 우리는 그리스도에게 연합되고(incorporated) 그의 성령의 효력(virtue)과 능력(power)에 의해 그의 지체가 된다.

9. 성만찬에 대해 그는 같은 구절에서 덧붙이기를, "그리고 우리는 모두" 한 성령 안에서 같은 친교와 교제를 의미하는, "같은 성령을 마셨다."고 했다. "한 성령으로"란 무엇을 의미하는가? 그것

은 우리가 그리스도 안에서 모두가 한 몸인 것 같이, 우리는 하나의 같은 성령에 의해 산다는 것이다. 그러므로 그 같은 성령의 효력과 능력에 의해서 우리는 성만찬에서 그리스도의 피를 마시고 그와 한 몸으로 함께 자라가고 그의 성령에 의해 소생된다.

10. 왜냐하면 같은 한 영혼에 의해 그 몸의 모든 지체가 그 머리와 연합하고 소생되는 것같이, 모든 신자들은 비록 그들은 땅에 있고 그 머리는 하늘에 있을지라도, 그들은 실로 같은 한 성령에 의해 그와 연합하고, 연합하고 있으며 그 안에 거하여 살아간다.

11. 모든 교부들은 이 교리와 다른 어떠한 것도 가르치지 않았다. 어거스틴(Augustine)은 요한복음에 대한 그의 50편의 논문에서, "그들로"(Let them)가 유대인을 의미한다고 하면서 말하기를, "하늘에서 아버지 우편에 앉아계신 그리스도께 귀 기울이고 붙잡도록 하라."고 했다. 그들은 대답하기를, "내가 누구를 잡을까? 그는 부재(absent)하지 않은가? 내가 어떻게 하늘로 손을 뻗어 거기에 앉아계신 그를 붙잡을까?" 믿음을 들어 올리라(Lift up they faith). 그러면 당신들은 그를 붙잡을 것이다. 당신들의 조상은 육신 가운데서 그를 붙잡았다. 그리스도의 부재에도 불구하고 그는 항상 존재하고 계시기 때문에, 당신은 그를 마음으로 붙잡아야 한다. 만약 그가 현재하지 않는다면, 우리는 그를 붙잡을 수 없을 것이다. 어거스틴은 그리

스도께서 육신으로는 부재하시지만 위엄(majesty) 가운데 현재하심을 상세히 보여준다.

12. 그리스도께서는 그의 살과 피가 성령과 믿음에 의해 우리에게 받아들여지고, 그 방식으로 우리는 온전히(wholly) 전 그리스도(whole Christ)에게 결합되며 한 몸을 이룸이 낮의 빛처럼 명백하므로 (그래서 우리의 대적들이 감히 연합의 이 방식을 비난 못하는), 우리는 이것에 만족(content)하며 성경이 다른 어떤 것을 가르치지 않기 때문에, 그리고 이것이 구원에 있어 오직 유일한 필요이며 그것은 또한 모든 동의(consent)로서 충분하기 때문에, 다른 어떤 것을 찾지 않으신다.

13. 만약 우리가 연합되는 그것과 그 연합의 진실성을 중히 여긴다면, 모든 것에서 이 연합이 본질적(essential)이고 실제적(real)임이 분명하다. 그러나 만약 우리가 그것이 이뤄지는 방식을 고려한다면, 그것은 영적(spiritual)이라는 것이다.[104]

14. 이에 의해 보이지 않는 그리고 모든 곳에 존재하는 그리스도의 육신에 대한 사악한 견해들이 논박된다. 왜냐하면 그들은 이

---

104) 이 "영적이라는 것이다"라는 표현에서 유의할 것은, 1항에서 언급한 바 그것이 신비적이라는 말이 아니라 "성령에 의해서(by the Holy Ghost)그리고 믿음에 의해서(by faith)" 이뤄진다는 것이다. 그러므로 2항에서 곧장 "그리스도께서는 우리에게 그의 동의(consent)를 우리 마음에 그의 영(spirit)을 부으심에 의해 유효하게 드러내셨다."고 했는데, "이 영에 의해 그는 그가 의지하시고(willing) 우리의 남편으로 머리와 보존자로 그의 아버지의 뜻에 동의하심을 우리가 느끼고 이해하도록 하셨기 때문이다."라고 언급한다.

목적과 결과를 위해 육신(body)의 입으로 먹는 이 육체(flesh)를 꾸며내기 때문인데, 하지만 이것은 불필요하고 쓸데없는 짓이니, 왜냐하면 하늘에 계신 참된 자연적인 몸은 진실로 우리에게 받아들여지고 (우리 모두가 고백하듯이) 그리스도의 영[성령, Spirit]에 의해 그리고 우리의 믿음에 의해서 우리에게 연합되기 때문이니, 육신의 입으로 받아들여진다고 하는 이 다른 보이지 않는 몸은, 어떤 목적을 위하겠는가?

15. 진실로 그 모두는 육신의 입으로 한 신자(faithful man)에게 받아들여질 수 없다. 왜냐하면 한 신자는 모든 곳에 존재하는 이 육신을 먹기 위해 모든 곳에 있지는 않기 때문이다. 그러나 조각 하나는 한 사람에 의해 또 다른 사람에게 전달된다.

16. 같은 논거에 의해 화체설과 공재설의 견해도 반박된다. 그것이 영(spirit)과 믿음에 의해,[105] 구원을 위해, 복음의 말씀 안에서 뿐만 아니라 세례와 성만찬에서 받아들여진다면, 화체설과 공

---

105) 잔키우스는 이 장(chapter)에서 '영'(spirit)이라는 말을 세 가지 의미에서 사용하는데, 먼저는 '그리스도의 영'(his Spirit)이라 칭하기도 하는 성령을 말하고, 다음으로 "그의 아버지의 뜻에 동의하"시는 그의 영을 말하며, 끝으로 믿음 가운데서 동의함으로 유효적 원인을 야기하는 우리들의 영을 말하기도 한다. 그러므로 이러한 영적이라는 말에 있어서, 막연하고 피상적인 신비는 없으며, 다만 삼위 하나님의 주권 가운데서 우리에게 실제로 적용되는 의미에서 하늘에 계신 참된 자연적인 몸이 진실로 우리에게 받아들여지는 영적인 지혜와 은혜의 내용들이 있을 뿐이다. 이러한 점에서 그리스도와의 연합을 나타내는 성찬의 시행은 참으로 실제적인 은혜의(말씀의) 표지라 하겠다.

재설은 불필요하고 쓸데없는 것이다. 그렇다면 왜 그들은 교회를 괴롭히고 구원에 불필요한 것을 위해서 싸우는가?

17. 3장(chapter)을 위해서는 이것으로 충분하다. 이 영적 결혼의 형식적 원인(the formal cause)에 대한 네 가지 질문이 그 점에서 설명되고 해결되니 첫째로, 연합되는 것은 무엇인가. 둘째로, 우리는 어디로 먼저 연합되는가, 그리스도의 신성으로(to the Godhead) 그리고 그것에 의해 그의 육신으로(to his flesh)인가, 또는 그의 육신으로 먼저, 그리고 그것에 의해(by that) 그의 신성으로(to his Godhead)인가. 셋째로, 이것은 어떤 연합의 방식(manner)인가. 넷째로, 어떻게 이루어지는가이다.

CHAPTER IV:

영적 결혼의 목적인

영적 결혼의 목적인
(The final cause of this spiritual marriage)

———

1. 우리는 육체적인 결혼 제도의 세 가지 목적들(ends)이 있다고 말했었는데, 그것은 첫째로, 사람은 홀로 있어서는 안 되고, 그와 닮은 배우자를 가져야 하며, 그렇게 하여 행복한 삶을 이끌어야 한다는 것이다. 둘째로, 그것에 의해 자녀를 낳고 [자손이] 늘어나게 해야 한다는 것. 셋째로, 죄가 들어온 후로부터의 모든 무분별한 탐욕과 간음을 피해야 한다는 것이다.

2. 이 모든 목적들을 우리는 그리스도와 교회 사이의 영적 결혼에서도 찾아볼 수 있다. 첫째 목적은 머리가 몸통 없이 존재하거나, 몸통이 머리 없이 존재하는 것은 어느 쪽도 좋지 않듯이, 그리스도가 교회 없이 홀로 존재하거나, 교회가 그리스도 없이 홀로 존재하는 것은 선하지 않기 때문이다.

3. 그리스도는 만물이 시작하기 전에 교회의 머리가 되시도록, 교회를 다스리고 통치하시도록, 소생케 하고 보존하시도록, 영원한 행복과 만족 가운데서 교회와 함께 살도록 정해지고 (ordained) 지명(appointed)되었다. 마찬가지로 교회는 그리

스도의 몸으로 예정(predestinate)되고, 그에 의해 통치되며, 소생케 되고, 교회에 주어진 영생을 얻도록 예정되었다.

4. 그러므로 그리스도의 선(good)을 위해 그의 영광과 관련해서, 그리고 교회의 선을 위해 교회의 영원한 구원을 위하여 필요하기 때문에, 성부 하나님께서는 십자가에서 잠들어 있는(다른 말로 죽어 있는, 이 논문의 처음에 보여주었던 의미에서), 그리스도의 옆구리 가운데서 교회를 창조하셨고, 그들이 영원토록 하늘의 영광 가운데서 함께 행복하게 살도록 교회를 그에게 주시어 그리스도께로 결혼하도록 하셨다.

5. 여기에는 사도가 고린도신자들(Corinthians)에게, 그리스도의 부활에 대해 그리고 전 교회(whole Church)에 대해서와 그리스도로 영원한 행복에 대해 기록한 것들이 속한다. 모든 것들이 그리스도의 발아래 복종하도록 이끌어진 후에, 그는 그의 전 몸(whole body), 즉 그의 배우자인 교회와 더불어 성부에게 복종하게 될 것이니, 그것은 하나님께서 만유 가운데 만유(all in all)로 계심이다.

6. 그러므로 그리스도의 영광과 교회의 구원은 이 결혼의 첫째 목적이다. 그런즉 그는 교회를 사랑하고, 매일 교회가 흠과 점 혹은 어떠한 모든 거룩하지 않은 것이 없도록, 그리고 그 자신에게 부끄러움이 없도록 교회를 거룩하게 만들기 위해서 교회를 깨끗이 하고 씻기신다. 그리하여 양자는(so both) 하늘에서 행복하며 축복되게 살 것이다.

7. 두 번째 목적은 이것으로, 신랑이신 그리스도의 씨(the seed)에 대하여, 즉 말씀과 영에 대하여 사역자들과 신부의 조력에 의해 가장 충만하고 가장 아름다운 출생으로 태어날 것과 천국의 상속자가 될 후손에 대한 것이다.

8. 그들은 영적이고 썩지 않을 씨로 교회의 태(the womb) 안에 그리고 교회의 사역자들(her ministry)에 의해 잉태되고 거듭남의 씻음에 의해 그리고 성령의 새롭게 함(renewing)에 의해 하나님의 아들들로 태어난, 그 안의 모든 신자들이다.

9. 왜냐하면 동일한 신실한 자들(faithful persons)이 다양한 측면에서 그리스도의 배우자(spouse)와 하나님의 아들들(sons), 그리고 그리스도와 교회의 후손(offspring)들로 불리는 것이 불합리하지 않기 때문이다.

10. 모든 사람이 교회 안에서 그리스도의 영에 의해, 그리고 사역자들에 의해 하나님의 아들로 중생하고 태어나듯이, 그는 그리스도의 자녀와 교회의 자녀이다. 그러나 그는 믿음에 의해 교회에 결합되고 그의 영적인 씨, 말씀과 성령을 받아들이고 다른 자들을 그리스도께서 얻도록 하는 것에 의해 선행(good works)의 결실(fruits)을 낳듯, 그리스도의 배우자이다.

11. 모든 사도와 교사(doctors)와 목사들은 교회의 사역에(ministry) 의해 하나님으로부터 태어나고 하나님의 아들들이 된 것이기 때문에 먼저는 교회의 자녀들(children of the Church)이지만, 마찬가지로 다른 자들처럼 그들의 사역에 의해 물과

성령으로 새롭게 태어났기 때문에, 그들은 그리스도의 배우자이고 신자들의 어머니이다. 사도는 자신을 갈라디아 교회의 어머니라고 부르며, "나의 자녀들아 다시 너희를 위하여 해산하는 수고를 하노니…"[106]라고 했고, 고린도 교회에게 "그리스도 예수 안에서 복음으로써 내가 너희를 낳았음이라."[107]고 했다.

12. 모든 신자들(faithful)과 매 사람(every one)은 교회 안에서 그리고 교회의 사역자들에 의해 새롭게 태어나고 양육되며 다스림을 받는 면에서, 전 교회(whole Church)가 일상적으로 우리의 어머니라고 불린다. 사도는 천상의 높은 예루살렘에 대해 갈라디아인들에게, "오직 위에 있는 예루살렘(즉 하늘로부터 오는, 교회에 대하여)은 자유자니 곧 우리 어머니라."[108]고 말했는데, 많은 사람들이 이를 교회에 대한 구절로 해석한다.

13. 그러므로 동일한 신실한 자들(faithful ones)이 다양한 측면에서 그리스도의 배우자, 그리고 후손 혹은 자녀들로 불리는 것이 불합리하지 않음이 분명하다.

14. 그러므로 이 영적 결혼의 두 번째 목적은 배우자(그리스도의 배우자)의 사역들에 의해 교회 안에 매일매일 영적 후손들이 잉태되고 출산되는 것임이 또한 확실하다.

---

106) 갈 4:19절.
107) 고전 4:15절.
108) 갈 4:26절.

15. 비록 거기에는 또 다른 종류의 후손들이 있지만, 이 결혼은 정해져있기 때문에, 즉 선행의 후손들 모두는 믿음에 의해 아내로서 그리스도에 연합되고, 그리스도께서는 남편으로서 그의 영적인 씨를 받은 우리가 영적인 후손을 낳도록, 다른 말로 선행의 결실 그리고 성령의 결실을 낳도록 그의 영에 의해 우리 모두에게 결합된다(joined).

16. 왜냐하면 그리스도께서는 우리 안에서 그의 말씀과 그의 은혜를 게으름 피우기 위해 소유하지 않고, 오히려 자라나고 증대되도록, 그리고 선행들(good works)에 의해 하나님의 영광과 교회의 설립을 위해 널리 알리실 것(to be published abroad)이기 때문이다.

17. "너희를 권하노니 하나님의 은혜를 헛되이 받지 말라 어떤 것에 있어서도 범죄하지 말라."는 고후 6:1절의 말씀이 여기에 속한다.

18. 셋째 목적은, 모든 간음(fornication)을 피하도록 하려는 것이다.

19. 거기에는 이중(double)의 간음이 있으니, 하나는 일반적인 것이고 다른 하나는 특별한 것으로, 특별한 것은 모든 우상숭배(idolatry), 즉 우상과 선지서에서 읽을 수 있는 바와 같이 마귀와의 간음이다.

20. 일반적인 것은 우리가 하나님으로부터 떨어져서(fall) 그의 피조물과 매춘(run whoring)에 의해 짓는 모든 죄다. 그 종류의

간음에 대하여 다윗은 시 73:27절에서, "대저 주를 멀리하는 자는 망하리니 음녀같이 주를 떠난 자를 주께서 다 멸하셨나이다."라고 했다. 왜냐하면 하나님의 계명에 순종하지 않고 피조물과의 사랑에 거하기를, 그리고 하나님을 무시하기를 고집하는 그들은 그들의 마음을 그것들에 두기 때문이며, 그들은 하나님으로부터 음란(go whoring)의 죄를 범한다고 했다.

21. 참된 믿음에 의해 그리스도께 연합하지 않은 모든 사람들은, 양 종류의 간음(both kinds of fornication)을 범한다.

22. 그러나 신랑이신 그리스도와의 참된 연합(union)과 거룩한 결합(conjunction)에 의해 양자(both)는 제거된다. 왜냐하면 그리스도 안에 거하는 사람은 마귀나 죄, 그리고 탐욕에 봉사하지 않고, 오직 하나님만을 예배하고 그의 뜻을 행하기를 배우도록 그로부터 보호를 받고 영과 생명(spirit and life)을 받기 때문이다.

23. 요 15:4-5절에서 "내 안에 거하라 나도 너희 안에 거하리라 가지가 포도나무에 붙어 있지 아니하면 절로 과실을 맺을 수 없음 같이 너희도 내 안에 있지 아니하면 그러하리라. 나는 포도나무요 너희는 가지니 저가 내 안에, 내가 저 안에 있으면 이 사람은 과실을 많이 맺나니 나를 떠나서는 너희가 아무것도 할 수 없음이라."고 제자들이 그리스도에 대해 말하는 것이 바로 여기에 속한다.

24. 이 구절에 의해 그리스도와의 이 연합(union), 이 영적 결혼

은, 이 목적을 위해 제정되었다는 것이 분명히 나타난다. 우리는 모든 종류의 간음을 피하고 다른 한편 믿음을 지키며 하나님께 순종해야 한다.

25. 그리고 거룩한 결혼의 이 끈으로 그리스도 안으로 참되게 연합된(incorporated) 모든 사람들은 바르게 행함이 확실하다. 그들은 육신을 따라서가 아니라 성령을 따라 행하도록 그리스도의 영에 의해 다스림과 통치(ruled and governed)를 받기 때문이다.

26. 그러면 모든 종류의 간음 가운데서 계속 살아가는 사람들에 대해 우리는 어떻게 생각해야 할까? 진실로, 그들은 그리스도의 배우자가 아니며 그러므로 그들은 교회도 아니고, 교회의 참된 지체도 아니다. 그리고 이것이 목적인(final causes)의 대략이다.

영적 결혼
(그리스도와 교회의 영적인 연합에 관하여)

CHAPTER V

이 영적 결혼에 있어 남편과 아내의 의무들

이 영적 결혼에 있어 남편과 아내의 의무들
(The duties of the husband and the wife in this spiritual marriage)

먼저 결혼은 온전하고 더럽혀지지 않게 지켜지며, 결혼의 당사자들은 함께 행복과 축복 속에서 살아야 한다는 양자(both)에 의해, 남편과 아내의 의무들에 대하여 말하는 것이 뒤따른다.

1. 이 의무들의 몇몇은 양 당사자에게 공통적이고, 몇몇은 각자에게 따로 독특하다.
2. 공통의 의무들은 상호간의 믿음과 사랑이다.
3. 남편의 합당한 의무들은 이 머리(head)로서 이끌어지니, 머리로서 그는 현명하게 통치하고 정의롭게 다스리며 아울러 그의 아내를 인도하는 것이며, 그는 그 자신의 몸으로서 그녀를 아끼고 양육하며, 보호하고 지키는 것이니, 연약한 그릇인 그녀에게 많은 것을 용서하고 용납하는 것이다.
4. 아내의 합당한 의무들은 그녀의 머리(head), 주(lord) 혹은 주인(master) 그리고 내조자(maintainer)로서 그녀의 남편을 두려워하고(to fear), 존경하며(to reverence) 순종하고(to obey),

그에게 복종(subjection)하는 가운데서, 그에게 의지하며, 다스림(ruled)을 받도록 하며, 그에게 말대꾸를 하지 않으며(not to answer him again), 주 안에서 그에게 순종하고, 온화하며 부드럽고 조용하게 있는 것이다. 이는 사도가 에베소서 5장 그리고 디모데전서 2장 그리고 베드로전서 3장에서 양자(남편의 합당한 의무들과 아내의 합당한 의무들)를 가르치기 때문이다.

5. 그리스도에 관하여, 그리스도께서 실행하지 않았으나 항상 실행하실 준비가 되어있는 그 가운데서 우리가 기대할 것은 어떤 의무인가? 이에 대해 사도는 말하기를 "그리스도께서 교회를 사랑하시고 위하여 자신을 주심 같이 하라 이는 곧 물로 씻어 말씀으로 깨끗하게 하사 거룩하게 하시고 자기 앞에 영광스러운 교회로 세우사 티나 주름잡힌 것이나 이런 것들이 없이 거룩하고 흠이 없게 하려 하심이니라."[109]고 했으며 "그는 그 몸에 건강을 주신다." 또한 "그는 그 자신의 몸같이 교회를 양육하고 아끼신다."고 했다. 그는 거기에 있는 모두를 보존하시고 지키시는 것은 아닐지라도 참으로 전 교회에(whole church) 그리고 모든 참된 지체에(every true member) 대한 그의 약속을 지키신다. "그들의 불신앙이 하나님의 약속을 효과 없도록 하겠는가?" 다시 말해서 "비록 우리가 불신실하더라도, 그는 신실하시다. 그

---

109) 엡 5:25-27절.

는 자신을 부인할 수 없는 것이다." 그가 우리들을 연약한 그릇으로서 얼마나 크고 많은 것들을 용서하시고 용납하시는가를 누가 매일 보고 느끼지 않겠는가? 그러므로 그리스도는 항상 좋으시고 사랑스러운 남편의 의무들을 행하신다.

6. 그러나 우리는 교회의 의무들을 중히 여기며, 그것들이 무엇이고 교회는 그것들을 얼마나 실행하는지 생각해보자. 우리는 이것을 바르게 이해해야할 것이다. 우리는 먼저 거짓되고(false) 허황된(counterfeit) 교회로부터 그리스도의 신부인 교회를 구별해야만 하는데, 사도는 오직 전자에 대하여서 말하고 후자에 대하여 말하지 않으니, 교회는 그리스도에게 복종한다고 말했기 때문이다.

7. 우리는 교회라는 이름으로부터, 사람의 몸 안의 생성물(excrements)이지만 몸의 지체는 아닌 것처럼 교회 안에 있지만 교회의 지체가 아닌 모든 유기자(reprobate)와 위선자들(hypocrites)을 제외한다.

8. 참된 교회, 즉 그리스도의 신부는, 많은 위선자들이 발견되는 그 가운데 오직 택자들의 무리(company of the elect)이다.

9. 둘째로, 이 무리는 하늘에 있는 사람들과 땅위에 있는 사람들로 구별되며, 그들은 각각 승리의 교회(the Church triumphant)와 전투하는 교회(the Church militant)로 불린다. 후자는 많은 겨(chaff)가 섞인 밀이라면, 전자는 모든 겨로부터 정화된 순수한 밀이다.

10. 겨라는 명칭에 대해 나는 택자 사이에 섞인 위선자들뿐만 아니라, 이 육신 안에서 사는 어떠한 사람도 모두 정화되고 자유롭게 되지 않은 죄의 잔존물들(relics)로 이해한다.

11. 그러므로 셋째로, 땅위에 살아가는 택자들의 교회는 모든 신실한 사람들이 영(spirit)과 육(flesh)으로 구성되어 있으므로 영과 육은 구별되어야만 한다.

이것은 교회의 지체들 사이에서의 배우자(spouse)의 구별이다. 교회는 진정으로 오직 하나(only one)이며 한 몸(one body)이지만, 교회는 다양한 부분들(parts)과 지체들(members)로 구성된다.

12. 그러므로 하늘에 있는 지체들은 마땅히 행해야 하고 행할 수 있는 모든 의무들을 실행한다. 이는 머리와 남편이신 그리스도에게 참되고 완전히 복종하기 때문이며, 그러므로 그들은 거기서 둘이 한 몸으로 참으로 완전하게 확실한 평화와 가장 완전한 사랑 속에서 살아가고 있다. 오 행복한 결혼이여!

13. 그리고 나는 여러분이 그리스도의 몸이 보이지 않고 모든 곳에 계신다는 것을 확언할 어떤 교리가 있는지 구분할 것을 청한다. 현재 상태로 (진리 안에서 참으로 하나인) 지상의 그리스도의 교회와 신부는 하늘에서 복종하고 하늘에서 즐거워하는, 같은 몸의 결실(fruition)을 소유하고, 같은 남편, 즉 그리스도에게 그리고 그 같은 남편의 몸에 복종한다. 왜냐하면 거기에는

오직 한 남편이 있고 그의 몸은 교회가 하나인 것같이 하나이기 때문이다. 그러나 현재 하늘에 있는 교회는 그의 육신과 몸을 만질 수가 있는 것처럼, 유한하고(finite), 보이며(visible), 제한된(circumscribed, or limited) 그리스도를 소유하며, 그러한 그리스도께 그리고 그러한 그리스도의 몸에 복종하고, 다른 어떤 것이 아닌 그러한 몸의 결실을 소유하는 것이다.

덧붙여서, 복 받은 자들의 수많은 영들과 혼들(spirits and souls)이 있음에 반하여, 그들은 그리스도의 오직 하나의 그리고 같은 몸의 결실을 소유하며, 참으로 모든 사람은 따로따로 전체를 즐거워한다. 그러므로 현재 지상에 있는 같은 교회는 같은 보이며 제한된(circum scribed) 그리스도의 몸에 복종하고 같은 몸의, 그리고 다른 어떤 것이 아닌 몸의 결실(fruition)을 소유하는 것이다.

14. 진실로 지상의 교회가 믿음으로 그리스도의 한정되고 제한된 몸의 결실을 소유한다는 것을 그들은 부정할 수 없다. 그리고 이 세상에서 구원을 위해서 이것이 우리를 위해 충분하다는 것을 모르는 어떤 사람도 없다.
15. 우리는 현재 상태로 하늘에 있는 교회가 가장 완전하게 행할 수 있는 모든 의무들을 이행한다는 것을 제시했다. 그러나 지상의 교회는 어떻게 행하는가?
16. 사도는 이에 대해서 교회는 그리스도에게 (영에 관하여 이해되

어서) 복종하지만, 육신에 관해 교회는 종종 복종(subjection)과 순종(obedience)으로부터 벗어난다고 말한다. 사도는 "내 자신이 마음으로는 하나님의 법을, 육신으로는 죄의 법을 섬기노라."[110]고 말한다.

17. 그러나 교회는 주요 부분에 있어서는 그리스도에 복종한다. 비록 교회가 육신을 따라 반역하기는 하지만, 남편은 (베드로가 그의 아내를 향해 모든 선한 남편에 대해 말한 것같이) 연약한 그릇으로서 아내의 그것을 용서하고 관용하기 때문에, 교회는 이제 참으로 전적으로 복종한다고 말할 수가 있다. 비록 여기서는 불완전할지라도, 이후로 하늘에서 가장 완전하게 복종할 것이다.

18. 그러므로 우리는 사도가 말하는 이 결혼이 영원하며, 결코 풀어질 수 없다는 결론을 내린다.

19. 결혼은 간음(fornication) 혹은 간통(adultery) 외에는 해제될 수가 없기 때문이다. 그러나 이 교회는 영(spirit) 안에서 간음을 범하지 않을 뿐 아니라 육신 안에서도 같은 것을 범하지 않도록 노력하고 싸운다. 사도들의 "우리가 누구에게 갈꼬? 당신은 영생의 말씀을 가지셨나이다. 오 주 예수여."[111]라는 말처럼.

---

110) 롬 7:25절.
111) 요 6:68절.

20. 베드로가 그리스도를 부인했을 때처럼 육신 안에서 종종 타락하기도 한다. 그러나 믿음은 그의 마음에서 쇠퇴하지 않기 때문에, 그의 아내를 사랑하고 죄의 모든 결점으로부터 아내를 씻겨 거룩하게 하는 것이 의무인 그의 남편이신 그리스도의 용서를 회개함으로 얻는다.

21. 그러나 아직 육신에 밝은(conversant) 우리는 우리 남편에 대한 의무가 무엇인지를 잘 이해해야 하고, 같은 것을 실행하기 위하여 공부를 해야 한다. 우리는 이 주된 의무들이 복종(subjection)의 이름으로 지칭됨을 주목해야 한다.

22. 만일 몸이 머리에게 하는 것같이 교회가 그녀의 남편에게 복종해야 한다는 것을 고려하는 것이 아내의 의무라면, 첫째로 우리는 그리스도가 우리의 남편이라는 것을 참으로 믿는 것과 우리는 그에게 사랑받고 있고, 그는 그가 약속했던 것들은 무엇이나 확실히 실행할 것을 믿는 믿음을 우리 남편에게 표시해야 한다. 어떤 사람도 그가 신용하지 않는 사람에게 또한 그가 사랑받고 있지 않다고 생각하는 사람에게 자발적으로 복종하지는 않기 때문이다.

23. 둘째로, 우리는 모든 경외(reverence)로 결합된 사랑을 표시해야 하는데, 왜냐하면 그는 사랑하지 않는 복종 가운데 계실 수 없기 때문이다. 그러나 사랑하는 사람은 사랑하고 존경하는 사람에게 복종하는 것을 탐탁치 않게 생각하지 않는다.

24. 셋째로, 우리는 아내가 그녀의 남편에게 홀로 메여 있는 결혼

에 대한 정절과 믿음을 표시해야 한다. 왜냐하면 이것이 복종의 이름으로 특별히 지칭되는 것이기 때문이며, 또한 그녀는 자신의 남편 외에 어떤 누구에게도 복종하지 않기 때문이다.

25. 이 의무는 첫째와 둘째 의무들로부터 나온다. 왜냐하면 그녀가 남편으로부터 사랑받음을 믿게 되고 또한 마찬가지로 남편을 사랑하고 존경함을 믿게 된, 한 여자는 쉽게 그에게 서약한 그녀의 믿음과 정절을 지키고 그에게 복종할 것이다.

26. 넷째로, 우리는 남편이 명령하는 모든 것에 순종을 표해야 한다. 우리는 그의 음성을 듣고 순종해야만 한다. 참된 복종은 또한 이것을 요구하기 때문이다.

27. 이것을 베드로는 벧전 3:1절에서 "아내 된 자들아 이와 같이 자기 남편에게 순복하라…."고 먼저 말하고, 잠시 후에 사라의 예(example)에 의해 보여준다. 거기에서 이 복종은 특별히 그녀의 남편에 대한 순종과 경외로 구성되니, 이는 "사라가 아브라함을 주라 칭하여 복종한 것 같이…."라고 말하기 때문이다.

28. 여기에 남편에 대해 반박하지 않고, 주와 주인으로서(lord and master) 그를 다스리려는 마음을 품으려 소망하지 않으며, 혹은 그에게 명령하려 하지 않고 차라리 그로부터 그녀 자신이 통치를 받으려 하며, 명령을 받고 그의 명령을 자발적으로 행하는 좋은 아내로 되는 마음의 겸손이 뒤따른다.

29. 이 참된 복종은 항상 그것 자체를(itself) 포함한다. 그러므로 사도가 이것에 관해 딤전 2:11-12절에서 설명하기를, "여자

는 일절 순종함으로 종용히 배우라 여자의 가르치는 것과 남자를 주관하는 것을 허락지 아니하노니 오직 종용할찌니라."고 말한다.

30. 그러므로 여섯 번째 의무가 생긴다. 즉 계속적인 회개(continual repentance)이다. 만일 연약성(infirmity)으로 말미암아 혹은 무지(ignorance)로 우리가 적합하지 않은 어떤 것, 곧 큰 겸손과 복종 안에서 행한다면, 우리는 우리 남편에게 달려가고 우리의 잘못을 위해 용서를 간청할 것이다. 왜냐하면 참된 복종은 이것을 요구하기 때문이고 그것은 참된 믿음과 사랑으로부터 오며 겸손한 마음과 영으로부터 오기 때문이다.

31. 만약 우리가 근면하게 이들 의무들을 실행하고 행하기를 힘쓰면, 우리는 이 거룩한 결혼을 우리 편에서 영화롭게 할 것이고, 영원히 계속되게 하며 그리스도와 함께함이 얼마나 달콤한 것인지를 경험할 것이다.

32. 그리고 이것이 마지막 국면(last place)이다. 하나님의 말씀의 씨와 성령의 은사들이 우리 안에서 무익하게 되도록 내버려두지 않는 것이 우리의 의무이지만, 그러나 우리는 보살핌이 있어야 하며, 그 안에(in him) 거하는 모든 사람은, 말씀과 성령에 의해 그리스도에게 매일 새로운 자녀들(new sons)을 낳을 수 있어야만 한다.

이 영적 결혼에 따르는 유익들에 대하여
(Of the benefits following
this spiritual marriage)

---

1. 영적 결혼에 동반하고 따르는 가장 뛰어난 것들, 누가 마음에 참
   된 기쁨들과 하늘의 즐거움과 행복을 말씀 안에서 공표하는 것
   보다 적게 생각할 수 있는가?
2. 그것들은 매우 많으니, 참으로 무한정하고 그것들은 정말로 대
   단히 크고 풍부하다.
3. 우리 남편이신 그리스도께서는 하늘과 땅에 있는 만물들의 저자
   (the author)시요 주인이시기 때문이다.
4. 그리고 남편이 소유하는 것들은 무엇이든지 결혼의 권리에 의해
   아내에게 공통된다(made common). 왜냐하면 그들은 함께 거
   하고 함께 살며 그들의 휴식을 취하며 함께 자기도 해야 하기 때
   문에, 특히 모든 가족의 일과 편의와 더불어 집, 탁자와 침대, 이
   러한 것들은 그것들 없이는 완전한 결혼일 수 없으며 필요한 것
   들이다.
5. 왜냐하면 잠언에서 "모든 것이 친구 사이에서는 공통적이다"(그
   럼에도 불구하고 여러 사람의 타당한 사용 중에만)고 말한 것처

럼, 함께 결혼한 당사자들 사이에서는 모든 것이 공통적일 것이며, 그들의 몸도 공통되니, 그들은 더 이상 둘이 아니고 한 몸 그리고 한 육체이기 때문이다.

6. 그러나 우리의 남편의 모든 좋은 것들은 두 종류로서, 몇몇은 다가올 세상 안에서의 삶에 속하는 것이고, 다른 것은 이 세상에서의 현생에 속한 것이다.

7. 다시, 이 현세의 삶에 속하는 것들의 몇은 영적 삶에, 몇은 육신적 혹은 인간적 삶에 관한 것이다.

8. 육신적인 삶에 관련된 사람들은, 하늘(heavens), 그 구성 요소(elements), 모든 요소들이 복합된 모든 것들이 무엇이든 그것들을 모을 수 있다.

9. 그러나 좋은 것들에 대한 이 후자의 부류에 대해 먼저 말하자면, 그것들은 모두 우리의 것이고 그것들은 참으로 우리의 것이 된다 말할 수가 있다.

10. 첫째로, 우리 남편과 머리이신 그리스도 안에서 아담이 타락 전에 다른 피조물들을 다스리도록 주어진 권위(right)와 주권(dominion)이 그리스도와 한 몸을 이룬 우리에게 회복되었으므로 "하늘과 땅의 모든 권세를 내게 주셨으니"(마 28:18)라고 말씀하셨다.

11. 둘째로, 같은 그리스도 안에서 우리는 이 모든 것들에 대한 권리를 가질 뿐 아니라 만물에 대한 완전하고 충만한 소유를 갖기 때문이다.

12. 아울러 그리스도께서는 아버지의 우편에 앉아 계시고 (사도가 말하듯이) 우리를 천상(heavenly places)에 그와 함께 더불어 앉히시기 때문이다. 그러므로 만약 남편이 이 아래 세상 (inferior world)의 주(Lord)라면, 아내는 동일한 것에 대한 여주인(lady and mistress)이어야만 한다.

13. 셋째로, 우리 각자의 인격들에 관해서처럼, 비록 우리가 항상 능동적으로 그리고 진실로 이 모든 좋은 것들을 함께 소유하는 것은 아니지만, 우리는 필요할 때 그것들을 가질 권리를 갖고 있기 때문에 우리가 무엇을 사용하고 즐기던지 우리는 그것들을 항상 선한 양심으로, 마치 우리 자신의 것을 사용하고 즐기듯이 사용하고 즐긴다. 그것은 비록 그들은 가장 부요하고 위엄 있는 군주들일지라도, 그렇다고 그들이 결코 그렇게 부요한 것은 아닌 사악한 사람들에 대하여서는 진실로 언급될 수 없는 것이다. 딛 1:15절에서 "깨끗한 자들에게는 모든 것이 깨끗하나 더럽고 믿지 아니하는 자들에게는 아무 것도 깨끗한 것이 없고 오직 저희 마음과 양심이 더러운지라."[112])고 사도가 말한 것이 여기에 속한다.

14. 왜냐하면 우리가 모든 것들을 항상 능동적이고 참으로 즉각적으로 즐기려 하지 않는 것은, 우리의 가장 현명한 남편이신 주

---

112) 딛 1:15절.

예수께서는 자신의 몸을 미워하지 않으시고 그것을 간과하지 않으신 분이시며 동일한 우리의 몸을 양육하고 소중히 여기시기 때문인데, 다만 모든 것들이 우리를 위해 항상 필요하지는 않으며 마땅하지도 않다는 것을 가장 잘 아시기 때문이다.

15. 그리고 덧붙이자면, 우리는 이 세상 가운데서 이 좋은 것들을 소유할 권리를 가질 뿐만 아니라, 우리가 원할 때 그것들을 참으로 소유할 수가 있기 때문이다. 그러나 만약 우리가 그리스도의 참된 배우자라면, 우리는 우리의 가장 사랑하시는 남편이 뜻하시는 것은 무엇이나 소유할 것이고 그 외에는 어떤 것도 소유하려 하지 않을 것이다.

16. 그리고 우리는 우리 남편이 우리에게 소유하도록 주신 그것들만을 우리가 소유하도록 하시는 것을 안다. 그리고 그는 사기와 속임이 없이 그리고 악한 수단들(evil means)과 사악한 술책들(wicked arts)이 없이 우리에게 이를(come unto us) 그것들을 주심을 안다.

17. 그리고 진실로 더욱 부자라 말할 수 있는 자는, 그가 할 수 있는 것보다 더욱 든든하고 행복하게 그가 하는 일들이 있을 것이고, 그의 몫과 부분에 만족할 수도 있지 않겠는가? 여기에서 우리는 사도가 말한, "그러나 지족하는 마음이 있으면 경건이 큰 이익이 되느니라."(딤전 6:6)는 말씀을 적용할 수가 있다.

18. 끝으로, 우리는 어쨌든지 이 세상의 것들을 우리 자신들 안에서 즉각적으로 소유하고 있지는 않기 때문에, 우리는 그것들을

다른 이들 가운데서, 그 모든 것들 안에서, 우리 남편의 명령에 의해, 우리의 삶과 건강의 유익을 위하여 소유한다.

19. 그에 관해서는 "만물이 다 너희 것임이라 너희는 그리스도의 것이요 그리스도는 하나님의 것이니라."(고전 3:21,23)는 사도의 말이 잘 언급한다. 만물은 영적이고 영원한 삶뿐 아니라 (모든 사람이 살아가도록 그에게 지정된 시간을 갖는 것처럼) 이 세상의 이 현재 삶인, 우리의 삶과 건강을 위해 정해지고 지정되었기 때문이다. 그리고 우리는 육신적 결혼에서 이 모든 것들을, 특히 어떤 위대하고 강한 남편에게 겸손하고 매우 충실한 아내가 있는 곳 가운데서 볼 수 있지 않은가? 이것으로 이 유익들에 대해 말하는 것이 충분할 것이다.

이제, 영적인 삶에 관한 유익들에 대한,
그것들의 전달은 이런 식이다
(Now, touching those benefits
which concern the spiritual life,
the communicating of them is thus:)

---

1. 하나님께서는 유일한 중보자이신 그리스도 안에, 모든 좋은 것
   들을 두시고 확정하셨으므로, 만약 그것들이 샘으로부터 나오듯
   이 그리스도로부터 전달되어 나오지 않으면 어느 누구도 그것의
   참여자가 될 수 없다.

2. 이것에는 구원의 거의를 오직 그리스도 안에서만 찾아야 함을
   가르치는 거의 모든 성경과 관계되어 있으니, 요일 5:11절의 "
   하나님이 우리에게 영생을 주신 것과 이 생명이 그의 아들 안에
   있는 그것이니라."는 생명의 명칭 아래 그는 우리의 전 구원을
   포함하며, 골 1:19절의 "아버지께서는 모든 충만으로 예수 안에
   거하게 하시고." 그리고 요 1:29절의 "보라 세상 죄를 지고 가
   는 하나님의 어린 양이로다." 그리고 무한한 다른 구절들에서,
   그것으로 오직 사람이 되신, 하나님의 아들 안에 하늘의 신적인

좋은 것들의 모든 보화가 있다는 것이 충분히 입증된다. 골 2:3 에서 사도가 "그 안에는 지혜와 지식의 모든 보화가 감취어 있느니라."는 분명한 말씀으로 증거 하듯이 말이다.

3. 이 보화들은 오직 참으로 그리스도와 한 몸(one body)이요 한 육체(one flesh)인 그리스도와 연합된(united) 자들에게만 전달된다.

4. 왜냐하면 그리스도는 이 몸, 즉 그리스도의 몸(body)이고 살(flesh)인, 교회의 구주시라고 사도가 말하기 때문이며, 그리스도는 그와 한 몸인 그리고 그의 뼈 중에 뼈인 모든 신실한 사람들의 구주시라고 말하기 때문이다.

5. 그러나 이 연합(union)과 결합(incorporation)은 성경이 모든 곳에서 가르치듯이 그의 영에 의해서(by his Spirit) 그리고 우리의 믿음에 의해서(by our faith) 밖에는 만들어 질 수가 없다.

6. 그러므로 그리스도의 보화들의 이 전달은 참으로 전 교회(whole Church), 참되고 유일한 그리스도의 배우자에게 그리고 그리스도의 영을 소유한 모든 신실한 자들에게 속한다.

전달 방식은 이중적이다
(The manner of communicating is double)

————

7. 그러나 이 전달은 두 종류로서, 전가(imputation)에 의해서 혹은 실제로 교통함(real communicating)에 의해서이다.

8. 신랑이신 그리스도께서는 이 결혼의 원인에 의해(by reason), 모든 그의 보화들과 함께 전적으로 우리들의 소유이시므로, 보화들 자체가(그것들은 무한하고 매우 풍부하며 우리 안에 내포될 수 없으므로) 우리에게 전달되어야 할 필요가 있고 전가에 의해 우리의 소유가 되기 때문이다.

9. 뿐만 아니라 다른 좋은 것들, 특히 그리스도의 의(justice)와 공의(righteousness)를 전달하는 이들 두 수단은 원인과 결과로 그것들 안에 함께 연결되고 결합되어서, 우리에 의해 각각으로 나누어지지 않으니 태양빛이 태양과 뗄 수 없는 것 혹은 태양이 태양빛과 뗄 수 없는 것 이상으로 나누어지지 않는다.

10. 그리스도의 완전한 의(perfect righteousness)는 누구에게나 전가되기 때문이다. 성경은 그들이 고유하게 부르는 그 의를 또한 그가 소유한다고 가르친다.

11. 다윗이 시 32:1-2절에서 말한 "허물의 사함을 얻고 그 죄의

가리움을 받은 자는 복이 있도다 마음에 간사가 없고 여호와께 정죄를 당치 않은 자는 복이 있도다." 라는 것이 여기에 속한 다.

12. 후반부는 타고난 의(inherent righteousness)를 주목하고, 전반부는 전가된 의(imputative righteousness)에 주목하며 함께 결합하여(joined both together) 우리가 전자를 후자로 부터 나뉘는 것으로 생각하지 않도록 한다.

13. 그것은 결혼 사항들에서(in marriage matters) 종종 드러난 다. 어떤 왕의 배우자 그리고 아내가 되는 것은 누구에게나 일 어날 수 있으며, 결혼식, 부유한 선물 그리고 입을 옷은 그녀에 게 통상으로 주어지는데, 그것에 의해 그녀는 다른 여인으로부 터 구별되고 왕의 아내임이 분명히 알려진다.

14. 왜냐하면 그녀가 값진 옷으로 치장되고 귀한 보석들로 장식되 었기 때문에 그녀가 왕비인 것이 아니고, 그녀가 왕비이기 때 문에 그녀가 모든 이들에게 그것으로써 알려지도록 값진 옷으 로 장식되고 치장되는 것이다.

15. 그러므로 우리는 하나님 앞에서 누가 바르게 평가받는지 혹은 타고난 의와 그것의 참된 결실들이 누구에게 존재하는가를 참 되게 판단하고 분명히 선언할 수 없음이 뒤따른다.

16. 전가(imputation)를 위한 매우 주목할 만한 구절이 롬 5:19절 에 있으니, "한 사람의 순종치 아니함으로 (아담으로부터 자연 적으로 태어난 모든 사람에게 전가된) 많은 사람이 죄인 된 것

같이, 한 사람의 순종하심으로 (즉, 사람이신 그리스도, 위로부터의 그리스도의 영으로부터 다시 중생하고 태어난 모든 사람들에게 전가된) 많은 사람이 의인이 되리라."는 말씀, 다시 말하면 모든 택자들에 대한 것이다.

17. 사도는 "한 사람의 순종"이라 말한 것에 의해 그의 전 순종(whole obedience)을 이해한다. 왜냐하면 그리스도의 완전한 순종(perfect obedience)의 두 부분이 있기 때문으로, 하나는 그가 그것의 준수에 약속된 영원한 삶을 얻는 전 율법(whole law)을 특히 자신을 위해서가 아니라 일반적으로 우리 모두를 위해 가장 완전하게 지키시는데 순종하신 것에 의해, 또 하나는 영원한 죽음에 합당한, 우리 죄들에 대한 만족(satisfaction of our sins)을 위해 죽기까지 그가 순종한 것이다. 사도는 이 순종의 양 부분(by both parts)으로 우리가 하나님 앞에서 의롭다함을 받고 영원히 구원받는 것을 나타내기 때문이다.

18. 죄에 대한 사함과 용서와 결과에 의해 영원한 죽음으로부터의 완전한 구원이 죽음 안에서 그의 순종의 결과로 뒤따랐으며, 마찬가지로 율법의 성취에서(in fulfilling) 그의 순종의 결과로서 영생의 충만하고 완전한 소유가 뒤따랐다. 왜냐하면 그리스도에게서 실제로 수행된 그 순종의 양 측면은 전가에 의해서 우리에게 전달되기 때문이며, 그리고 두 부분은 결혼의 권리(right of wedlock)에 의해, 전 그리스도를 봄으로, 그가 아무리 위대하셔도 우리와 한 몸이 되시고 우리는 그와 한 몸이 되

므로, 참으로 우리의 소유가 된다.

19. 같은 전가의 측면에서 사도의 기록들은 모든 곳에서 우리가 (지체로서) 그리스도와 더불어 함께 십자가에 못박히고, 죽고, 묻히고, 죽음으로부터 부활하고, 하늘로 오르며, 가장 높은 하늘에 그와 함께 앉으며, 한마디로 "찬송하리로다 하나님 곧 우리 주 예수 그리스도의 아버지께서 그리스도 안에서 하늘에 속한 모든 신령한 복으로 우리에게 복 주시되"라고 엡 1:3절에서 말하듯이 그리스도 안에서 모든 영적인 복을 받는다. 그리고 소망 안에서 뿐만 아니라, 우리는 이미 (우리의 머리이신 그리스도 안에서) 하나님 아버지와 함께 하늘에 있는 것으로 여겨진다.

20. "예수는 하나님께로서 나와서 우리에게 지혜와 의로움과 거룩함과 구속함이 되셨으니"[113]라고 사도가 말하는 것이 거기에 속하며, "(그리스도를 의미하는)여호와 우리의 의"[114]라고 한 예레미야의 말에 일치하여서.

21. 끝으로, 성경은 가장 분명하고 명백하게 믿음에 의해서 그리스도 안에서 우리가 많은 다른 것들 외에도 특별히 두 가지의 유익을 얻는다고 가르치는데, 하나는 우리의 죄와 모든 우리의 불의가 우리에게 돌려지지 않고 그것에 의해서 영원한 사망의

---

113) 고전 1:30절.
114) 렘 33:16절.

죄로부터 해방된다는 것이며, 다른 하나는 이와 다르게 그리스도의 의가 우리에게 전가된다(imputed to us)는 것, 즉 그리스도의 의가 믿음에 의해(by faith) 붙잡히고 전가에 의해(by imputation) 우리의 것이 되기 때문에, 우리는 하나님 앞에서 바르고 의롭다고 인정되고 그래서 영생의 가치가 있다고 생각되는 것이다.

22. "전가하는"(imputing)이라는 단어는 바울이 칭의에 대해 말할 때 종종 사용하는 것에 관계가 있으니, 이르기를 그들의 죄들이 그리스도를 믿는 그들에게 전가되지 않으나, 그들의 믿음은 의로(to righteousness) 전가된다.

23. 그러나 사도는 "믿음"이라는 단어에 의해 어떠한 의미를 나타내는가? 확실히 그는 우리 믿음의 바로 그 행동 자체를 의미하지 않으니, 왜냐하면 심지어 그것도 우리의 행위이기 때문이다. 그리고 그는 우리가 우리의 행위들에 의해서 의롭게 되는 것을 부인하지만, 사도는 믿음이 붙잡는 바로 그것 즉, 그리스도의 의 자체(righteousness itself of Christ)를, 혹은 우리의 의이신 그리스도 자신(Christ himself)으로 이해한다. 예레미야가 전에 "여호와 우리 의"[115]라고 가르쳤듯이 말이다.

24. 그러므로 우리 생명의 칭의에 필연적으로 두 가지 일들이 일어난다. 즉 우리의 불의에 대한 용서함 혹은 우리 죄의 용서 그리

---

115) 렘 23:6절.

고 다른 사람의 의의 전가, 즉 그리스도의 의의 전가가 믿음에 의해서 붙잡힌다. 우리 죄에 대한 용서, 영원한 사망에 대한 죄책이 발견되지 않는 것이니, 그리스도의 의의 전가, 영생에 대한 가치가 있다고 생각되는 것이다.

25. 이것들 안에서, 즉 죄의 용서 안에서 그리고 영원한 사망으로부터 자유함 가운데서, 그리고 오직 그리스도의 가장 완전한 의의 값없는 전가 안에서, 아울러 우리 쪽에 주어진 영원한 생명으로의 선고(sentence) 안에서 사도가 생명의 칭의(justification of life)라고 부르는 참된 그리스도인의 칭의를 구성하기 때문이다. "생명"이라는 단어를 주목하라, 우리는 사망으로부터 자유할 뿐 아니라, 생명으로 의롭게 되기 때문이다.

26. 이에 의해서 "전가하는"(imputing)이라는 단어에 의해 성경이 제유법(synecdocheally)으로 완전한 칭의의 양 부분의 의미를 나타낸다는 것이 드러난다. 우리 죄의 값없는 사함이 없이 그리스도의 의의 전가가 없고, 그리스도의 의의 전가 없이 우리의 죄의 용서가 없듯이, 하나는 다른 것 없이 존재할 수 없기 때문이다. 그래서 우리는 영원한 사망의 죄책으로부터의 면제와 영원한 생명의 상속으로 들어감의 양자를 함께 소유한다.

그리스도의 모든 보화와 특히 그의 의가 우리에게 전달되는 것, 즉 전가에 의해서(by imputation) 전자의 대부분이 의미된다.

선한 것들의 진정한 교통
(The real communication of good things)

———

1. 그러나 그리스도의 유익들이 우리에게 전달되는 후자의 수단들, 즉 진정한 교통(real communication)에 의한 것에 대해서는 거의 무한한 증거들이 성경에 있으니, 요 3:34절의 "하나님이 성령을 한량없이 주심이니라" 그리고 "우리가 다 그의 충만한데서 받으니"[116] 다시, "의를 행하는 자는 의롭다"[117] 등이 그것이다. 그런즉 이에 대해서는 더 이상 증거가 필요치 않다. 왜냐하면 요한은 고유의 의(inherent righteousness)를 말하기 때문이다. "의로운 자는 그대로 의롭게 하라,"[118]는 것이 거기에 속하는데, 이 의가 증가(increase)를 인정하기 때문이다. 마찬가지로 빌립보서 1장에서도 "내가 기도하노라. 너희 사랑을 점점 더 풍성하게 하시고, 의의 열매가 가득하기를 구하노라."(9-11절)고 했다.

2. 왜냐하면 우리 자신과 우리 이웃, 양자를 위해 그것이 계속해서

———

116) 요 1:16절.
117) 요일 3:7절.
118) 계22:11절.

의로운 열매를 산출하도록, 우리의 남편이신 그리스도께서 이 고유의 의를 우리에게 전달하시기 때문이다.

3. 이것들에 다른 헤아릴 수 없는 은사(gift)가 더해진다. 왜냐하면 우리를 향하신 은혜와 사랑의 주 예수께서는 이 고유의 의에 의해서 우리가 하는 것은 무엇이든지 이루시기 때문이다. 비록 그것들은 대부분 불완전한 행위들이고, 육신의 연약함과 타락으로 더럽혀져 있지만, 그는 그것들을 하나님께 대해 기쁘시게, 그리고 합당하게 만드신다. 모든 우리의 흠들을 그리스도의 자비와 의의 옷으로 덮으시기 때문이다. 그것에 따라서 "그 죄의 가리움을 받은 자는 복이 있도다." 그리고 "그리스도 안에 있는 자들에게는 정죄함이 없고, 육신을 따라 행하지 않고, 성령을 따라 행하는 자에게는 정죄함이 없다."(롬 8장 참고)

4. 아니, 그는 사도의 말을 따라, 많고 큰 보상으로 그의 배우자의 이 불완전한 행위들을 보상하는 것을 허락하시니, "경건은 범사에 유익하니, 금생과 내생에 약속이 있느니라."[119]

5. 그러나 본성의 타락(우리 안에 거하는, 그리고 우리 육신에서 번식되고, 아담으로부터 흘러나오는 원죄)이 우리 생명의 끝까지 우리와 함께 거하는 한편, 우리 남편의 독자의 섭리(singular providence)에 의해, 우리의 겸손을 위해, 그리고 우리의 계속

---

119) 딤전 4:8절.

적인 싸움, 그리고 믿음의 실천을 위해, 그는 그 같은 것들을 우리의 정죄함으로 전가하시지 않을 뿐 아니라, 우리에게 전가된 그의 영의 능력으로 매일 조금씩 그것이 궁극적으로 소멸하기까지, 그 같은 것을 줄이고, 감소시키며, 약화시키고, 사라지도록 하신다.

6. 엡 5:27절의 "자기 앞에 영광스러운 교회로 세우사, 티나 주름 잡힌 것이나 이런 것들이 없이, 거룩하고 흠이 없게 하려 하심이니라."는 사도의 말이 바로 이에 속한다.

7. 그리스도께서는 그 자신의 값없는 자비로부터 이것을 행하지 않고, 결국에는 우리가 죄를 더 이상 지을 수 없는 행복한 상태가 되도록, 우리에게 결과를 가져오고, 조속히 그것이 일어나도록 거룩하고 계속적인 소망을 주신다. 롬 7:24절에서 "오호라 나는 곤고한 사람이로다. 이 사망의 몸에서 누가 나를 건져 내랴?"고 한 사도의 그것이 여기에 속한다. 그리고 빌 1:23절에서 빌립보 사람들에 대해 "떠나서 그리스도와 함께 있을 욕망을 가진 이것이 더욱 좋으나."[120]라고 한 그것이 여기에 속하며, 계 22:20절의 "오소서, 주 예수여 오소서."[121]라고 짧게 말한 신랑에 대한 신부의 그 음성이 그에 속하고, 주기도문에서 매일 우리가 기도하는 "나라이 임하옵시고." 또, "악에서 구하옵소서."라는 것이

---

120) 빌 1:23절.
121) 계 22:20절.

그에 속한다.

8. 그리스도께서 교회에게 그리고 모든 신실한 자들에게 믿음 안에서, 그리고 그리스도의 사랑 안에서 지속하고 견디도록, 견인의 은사(gift of perseverance)를 주신 것, 이에 대한 의미는 무엇인가? 그것은 바로 "누가 그리스도 예수 우리 주 안에 있는, 하나님의 사랑에서 우리를 끊으리요?"[122]라고 사도가 말하는 그 이유 때문이다.

그리스도의 보화 가운데서 우리에게 진실로 전달되는 그 좋은 것들이 우리를 이 세상에서 영적이고 참된 행복으로 인도한다는 것은 이것으로 충분하다. 그것들에 관해 그것들이 얼마나 크고, 얼마나 많고, 얼마나 값진 것인지 표현할 수 있는 사람이 누구이겠는가?

---

122) 롬 8:35절.

그리스도의 영의 다양한 은사들
(Diverse gifts of the spirit of Christ)

———————

1. 그리스도의 인성(the human nature) 안에는 당신이 성경에서 풍부하게 읽을 수 있는 예언, 방언, 기적 행함, 치유의 은사, 그리고 그 같은 은사로서 모든 신실한 사람들의 구원을 위해 그렇게 필요하지 않은, 한량없이 주어진, 그의 거룩한 영의 매우 다양한 은사들이 있다.

2. 이것들은 또한 신랑이신 그리스도에 의하여 신부인 교회에게 부인되지 않고(not denied), 그것들은 모두에게, 혹은 모든 신실한 사람들에게 전달되지 않으며, 또한 항상 전달되지도, 동등하게(equally) 전달되지도 않고, 다만 그가 뜻하시는 자에게(to whom he will), 그리고 그가 누구를 원하시는가에 대해서만 전달되는데, 왜냐하면 다른 점에서는 그것이 마땅하지 않기 때문이다.

은사들의 다양성에 대해, 사도는 고린도전서 12장에서 "각 사람에게 성령의 나타남을 주심은 유익하게 하려 하심이라…, 그 뜻대로 각 사람에게 나눠 주시느니라."(7, 11절)고 했다.

3. 육체적인 결혼(carnal marriage)에 있어서도 남편이 그의 마음에 숨긴 것이 무엇이든 간에, 그가 그의 아내에게 모든 것을 실제적으로 그리고 모든 때에 전달해야 한다는 것은 마땅하지 않고, 적절하지도 않다. 그러나 그녀의 건강, 영예(honor), 그리고 위로를 위해 필요한 그것들만을 전달한다. 그리고 배우자가 이 모든 것이 필요할 때 그녀에게 전달할 것이라는 것을 알기에 충분해야만 한다. 그리고 이는 모두 하나이니, 마치 그녀가 그것들을 실제로 늘 소유하는 것과 같다.

4. 그러나 나는 당신에게 묻는다. 오직 전가에 의해서만이 아니라, 또한 실제의 분배(real dispensation)에 의해, 그리스도로부터 전달되는, 인간의 삶뿐만 아니라 영적인 삶과 그리스도인의 삶에 있어서까지, 이 현세의 삶에 속하는 그 좋은 것들의 보화가 무엇이고 또 얼마나 큰 것인가? 그것은 그가 곧 모든 것들, 심지어 이 세상에서 우리에게 일어나는 악들(evils)조차도, 우리의 더 큰 선을 위해 무엇이든 변화시키고 바꾸신다는 것이다. 사도가 롬 8:28절에서 "하나님을 사랑하는 자 곧 그 뜻대로 부르심을 입은 자들에게는 모든 것이 합력하여 선을 이루느니라(롬 8:28)."고 증거하여 말하듯이.

이를 예로써 보여주기 위해, 우리는 오직 요셉과 그리스도를 (침묵 가운데 지나가도록) 우리 앞에 세우도록 하자. 그는 형제들로부터 그리고 이방인들로부터 그의 경건과 신실함으로 인해, 그리고 그가 유일하게 하나님의 사랑을 받은 것으로 인해 얼마나 많고 큰 고난들을 당했는가? 그는 그의 천상적인 꿈들(heavenly dreams) 때문에 조소와 조롱을 받았고, 구덩이에 던져졌으며, 이방인에게 팔렸고, 이집트로 끌려가, 감옥에 갇혔지만, 그 결국은 무엇이었는가? 하나님의 뛰어난 은혜에 의해 그 모든 일들이 그의 대단히 큰 영예와 영광으로 바뀌지 않았는가. 그리고 그리스도께서는 자신에 대해 말씀하시기를, "그리스도가 이런 고난을 받고 자기의 영광에 들어가야 할 것이 아니냐"[123]고 하셨고, 바울이 빌 2:8-10절에 기록하듯이, "자기를 낮추시고 죽기까지 복종하셨으니 곧 십자가에 죽으심이라 이러므로 하나님이 그를 지극히 높여 모든 이름 위에 뛰어난 이름을 주사 하늘에 있는 자들과 땅에 있는 자들과 땅 아래 있는 자들로 모든 무릎을 예수의 이름에 꿇게" 하셨다. 간략하게 말해서, 온 교회가 우리의 믿음의 조항들에서 말하듯이, 그는 고난당하시고 죽임을 당하시며, 묻히시고 다시 부활하사, 하늘에 오르시고 아버지의 우편에 앉아 계신다.

5. 그렇다. 그리고 더욱, 바로 그 재난들, 박해들, 고통들 그리고 사망 그 자체를 겪으심에서, 그는 항상 그의 영의 효력과 능력 (efficacy and power)에 의해 우리와 더불어 계시고, 우리를 강하게 하시며 우리에게 크고 놀랄만한 위로와 위안들(comforts

---

123) 눅 24:26절.

and consolations)을 주셔서, 그는 우리가 십자가 아래에 실신하여 넘어지지 않게 하시고, 그는 또한 우리가 싸움에서 정복자가 되어 결국에는 승리를 이루도록 하신다.

6. 그러므로 사도는 고후 4:8-9절에서 "우리가 사방으로 우겨쌈을 당하여도 싸이지 아니하며 답답한 일을 당하여도 낙심하지 아니하며 핍박을 받아도 버린바 되지 아니하며 거꾸러뜨림을 당하여도 망하지 아니"한다고 말하며, 고전 10:13절에서는 심지어 "오직 하나님은 미쁘사 너희가 감당치 못할 시험 당함을 허락지 아니하시고 시험 당할 즈음에 또한 피할 길을 내사 너희로 능히 감당하게 하시느니라."고 하는 행복한 결말을 말한다. 마찬가지로, 롬 5:3-4절에서 "다만 이뿐 아니라 우리가 환난 중에도 즐거워하나니 이는 환난은 인내를, 인내는 연단을, 연단은 소망을 이루는 줄 앎이로다."라고, 다시 행 5:41절에서도 "사도들은 그 이름을 위하여 능욕 받는 일에 합당한 자로 여기심을 기뻐하면서 공회 앞을 떠나니라."고 했다.

7. 왜냐하면 우리의 육신에 반하는 그 모든 악들에 의해서, 깨끗이 하는 데에 매우 좋은 치료제에 의한 것처럼, 그는 매일 더욱 더 우리 안에 남아 있는 죄의 잔재들을 세상 끝날까지, 죽이고 깨끗이 하시기 때문이다.

8. 끝으로, 만일 어떤 불행과 재난이 우리에게 가해진다면, 그것은 사도가 고린도교인들을 가르치는 이 말로 비난받지 않도록 하며, 우리의 교정을 위하는 것이다. 또한 그리스도를 위해 그리

고 우리가 그와 하는 거룩한 결혼을 위해, 우리가 그를 따르고 그의 뱃지(badge)를 지닌다면, 이것이 우리를 향한 우리 신랑의 단 하나의 유익(a singular benefit)이다. 특별히 이것이 그녀의 위엄과 영광을 위해 만든 것일진대, 어느 아내가 군주 혹은 왕이신 그녀의 남편의 그 표지를 기꺼이 품지 않겠는가.

다가올 세상의 좋은 것들
(The good things of the world to come)

———

1. 내가 다가올 세상의 영원하고 복된 삶에 속한 좋은 것들에 대하여 무엇을 말하겠는가? 그것은 확실히 신랑의 동일한 값진 궁전이 모든 그 가족들의 물건, 가구, 그것의 장식과 뛰어난 아름다움과 더불어, 한 마디로 전체 궁정(court)과 부속물(train)과 더불어, 반드시 신부에게 공통되어야(be common)만 한다는 것 외에는 있을 수 없다. 이것이 신랑의 뜻이기 때문에, 그는 자신이 증거하기를, "나 있는 곳에 너희도 있게 하리라."[124]고 했다. 즉 교회를 구성하는 그들 신실한 자들은 그리스도의 배우자인 것이다. 또한, "내가 다시 와서 너희를 내게로 영접하여" 다시, "내가 너희를 위하여 처소를 예비하러 가노니."[125]라고 했다.

2. 그러나 우리를 위해 어떠한 그리고 얼마나 크고 좋은 일들이 예비 되었는지는, "기록된바 하나님이 자기를 사랑하는 자들을 위하여 예비하신 모든 것은, 눈으로 보지 못하고 귀로도 듣지 못

———

124) 요 14:3절 참고.
125) 요 14:2절 참고.

하고, 사람의 마음으로도 생각지 못하였다, 함과 같으니라."[126] 고 사도가 말하듯이 결코 다 표현될 수가 없다. 그리고 우리는 그리스도와 우리가 한 몸을 이룬다는 것, 그를 볼 것이라는 것, 그리고 이 거룩한 결혼의 힘(the virtue of this holy wedlock) 에 의하여 그리스도가 말씀하신 것을 따라 영원히 그것들을 소유할 것임을 확실히 안다. "내 아버지께 복 받을 자들이여 나아와 창세로부터 너희를 위하여 예비된 나라를 상속하라."[127]

그러므로 우리 모두는 거룩한 욥과 더불어 참되고 살아있는 믿음 안에서, "내가 알기에는 나의 대속자가 살아 계시니 마침내 그가 땅 위에 서실 것이라 내 가죽이 벗김을 당한 뒤에도 내가 육체 밖에서 하나님을 보리라."[128]고 말하자. 그리고 그리스도의 배우자인, 전 교회 (whole Church)와 더불어, 우리는 우리 남편에게, 우리의 마음으로 탄식하며 신음하면서, "오소서, 주 예수여. 오소서."[129]라고 외치자. 그리고 우리를 향한 당신의 사랑이 우리를 당신의 아버지의 하늘 처소(heavenly mansion)로 이끌도록. 그에게 존귀와, 찬송과 영광이 있기를… 아멘.

---

126) 고전 2:9절.
127) 마 25:34절.
128) 욥 19:25-27절.
129) 계 22:20절.